NEW PRACTICES OF BUSINESS DIGITALIZATION

From Platform Business to
Traditional Business

企业数字化转型实践

从平台企业到传统企业

叶康涛 等 著

中国人民大学出版社

·北京·

前　言

2021年12月，国务院印发了《"十四五"数字经济发展规划》，指出"立足不同产业特点和差异化需求，推动传统产业全方位、全链条数字化转型"。同时，该规划还指出要加快企业数字化转型升级，引导企业强化数字化思维，提升员工数字技能和数据管理能力，全面系统推动企业研发设计、生产加工、经营管理、销售服务等业务数字化转型，这标志着数字化转型正式上升为国家明确的政策方向。

2023年2月，国务院印发的《数字中国建设整体布局规划》进一步强调要坚持以习近平新时代中国特色社会主义思想特别是习近平总书记关于网络强国的重要思想为指导，提出要推动数字技术和实体经济深度融合，在农业、工业、金融、教育、医疗、交通、能源等重点领域，加快数字技术创新应用。可见，随着新一轮科技革命和产业变革的深入推进，我国数字经济发展形势面临着深刻的变化，数字化转型已是大势所趋。

目前，我国各省市纷纷出台了数字化转型相关的支持政策。各行各业都在积极尝试数字化转型，但随着实践不断深入，转型过程中也出现了各类问题，如管理层思想固化，未将数字化转型作为企业发展的核心战略，缺乏清晰的战略目标、实现路径和实施步骤；数据安全、网络安全难以得到保障；转型成本高，核心技术供给不足；市场上各类数据服务商良莠不齐，缺乏行业标准；等等。

为深入剖析我国企业数字化转型面临的发展困境，本书围绕多行业数字化转型的发展现状及特点，精选了八个具有代表性的企业案例，向读者展示当前企业数字化转型的成功范式，帮助读者更好地理解和掌握数字化转型的内核与实质，助推企业数字化转型升级。

本书的主要内容可以概括为以下三个部分：

第1篇，数字平台企业：赋能实体华丽蜕变。通过盒马鲜生、钉钉、京东、多点这四个案例，本书从以零售业为主的数字平台企业入手，详尽阐述了数字赋能实体企业后，企业是如何提升效率、变革组织，进而带动行业发展的。

第2篇，传统制造企业：数字化破局正当其时。选取美的集团和黑云公司作为制造业企业数字化转型的代表企业，通过了解美的集团和黑云公司的数字化转型历程，读者能够更好地把握传统制造业企业进行数字化转型的原因以及数字化转型面临的挑战与成功的关键因素，并能够理解大数据对于传统制造业数字化转型，以及最终实现工业互联网、全域数字化、全面智能化的重要作用。

第3篇，服务型企业：千人千面新体验。基于圆心科技和宝岛眼镜的成功转型案例，向读者展示服务型企业如何通过数字技术赋能服务业生产、传播、交易、消费的全链条，畅通产业链、供应链，提升各个环节的生产效率，产生规模经济，突破服务业原有的局限性，进而为服务型企业数字化转型之路提供借鉴。

最后，衷心感谢（按姓名拼音排序）谷雨佳、何明钦、刘向东、刘玉奇、毛基业、米壮、石明明、王强、王晓东、王哲璇、谢莉娟、叶康涛、俞明轩、张霞、张志强、赵晓露、赵懿清、朱晓林、庄逸群为完成本书导读和案例素材付出了大量的精力。同时也感谢（按姓名拼音排序）陈国梁、李浩林、王阳雯、吴武清、叶康涛、章柳漪在资料整理、体例设计、全书编撰和出版等方面的辛苦贡献。企业数字化转型热潮方兴未艾，新问题和新经验层出不穷，本书中不妥与不足之处在所难免，真诚欢迎广大同行、读者批评指正。

叶康涛

目 录

01

第 1 篇

数字平台企业：赋能实体华丽蜕变

导　读

2010 年以来，以移动互联网、5G、物联网（Internet of Things，IoT）等为代表的新一代数字技术推动中国及全球数字化进入新的发展阶段，企业利用数字技术提高绩效并扩大了影响范围。零售业是中国数字化进程快速推进的前沿和缩影，尤其是自 2016 年"新零售"概念提出以来，从实体零售到资本市场，都掀起了线上融合线下、虚拟数字改造传统实体的浪潮。

《中华人民共和国国民经济和社会发展第十四个五年规划和 2035 年远景目标纲要》提出，"促进数字技术与实体经济深度融合，赋能传统产业转型升级，催生新产业新业态新模式，壮大经济发展新引擎"。党的二十大报告提出，"加快发展数字经济，促进数字经济和实体经济深度融合，打造具有国际竞争力的数字产业集群"。这表明在战略高度，我国经济未来的发展和现代化产业体系的建设离不开数字与实体的深度结合。同时，产业数字化也是丰富和壮大国内消费市场、打通中高端制造供给国内市场的通路，是提升国内企业盈利水平、缓解制造业转移和衰退、建设现代化产业体系的重要抓手。

然而，数字化转型的历程并非一帆风顺。传统企业存在路径依赖，缺乏经验和敏感性，加上转型过程及结构的高度不确定性以及存在"知识差距"等原因，很多企业对数字化转型持观望态度，一些参与转型的企业在转型过程中承受了较大风险甚至转型失败，于是业内发出了"转型找死、不转型等死"的哀叹。实体企业如何才能成功实现数字化转型是实业界面临的难题，也是平台不断探索的议题。转型企业存在这样或那样的疑惑：

- 为什么要进行数字化转型？转型前后有何本质区别？

- 怎么进行数字化转型，有没有突出的代表企业或业态？

- 数字化转型的发展方向是什么？如何与平台企业合作，如何与本行业实际结合？

- 企业基于数字技术构建数字化全产业链，实现价值链体系的升级和地位跃迁的底层逻辑和具体机制是什么？

为了回答这些问题，本书第 1 篇精选了四个数字平台企业赋能实体的成功案例。它们都是行业内极具代表性的龙头企业，具有相当大的规模，并在数字化转型中取得了较为成功的结果；同时，它们的客户群遍布多个行业，既有公司客户（to bussiness，To B），也有个人客户（to customer，To C）。对于 To C 而言，向个人客户传递新产品、新服务会更加直接、便利，企业的数字化转型面对更及时的反馈并进行产品或服务的更新迭代；对于 To B 而言，公司客户在资产、流程等方面有较大的沉没成本和组织惯性，企业数字化转型时会面临不同的制度环境、竞争强度以及技术标准等。因此，本篇案例既有面向个人客户的盒马与京东，也有面向公司客户的钉钉与多点。这些来自不同行业，面向不同客户和业务的案例，互相对比，两两对应，从更多角度展现数字化转型中的种种困难与破局之路。

阿里巴巴集团旗下以数据和技术驱动的新零售平台——盒马鲜生，充分运用数字化手段洞察消费者需求变化和行业变革的机遇，通过优化成本结构、走通盈利模式，逐步完成线上线下融合的新零售模式设计和过程迭代，在新零售领域逐步确立了自己领航者的位置。

阿里巴巴集团打造的企业智能移动办公平台——钉钉，回应了企业对于数字化转型、数字化协同能力的呼唤，以共创为武器，精准把握企业办公协同社交需求，从企业内部沟通到企业内外业务协同，从软硬件的智能化融合到个性化方案供给，从柔性液态的智能组织到数字化管理运营平台，为企业组织重塑、数字化赋能发展提供了支持，最终成为中国领先的智能移动办公平台。

作为典型的 B2C（Bussiness-to-Customer）自营式电商，京东集团从大数据基础设施建设和算法开发，到数字化能力的具体业务场景应用，再到数字化赋能合作形成多方受益的"数字化矩阵"，逐步由自建物流迈向数字化升级的战略布局，利用其供应链数字化能力优势探索自有品牌，由线上走向线下，实现消费场景的"无界化"，打造真正的零售"数字化生态"。

本篇最后，多点——一站式全渠道数字零售解决方案服务商，聚焦生鲜快消行业，以产业互联网叠加消费互联网，凭借深耕行业的零售经验，以数字化解构和重构零售产业，不断探索打通科技创新与便民服务的发展通道，为商家提供全渠道、端到端的商业软件即服务（SaaS）解决方案，以数字化赋能传统零售业，实现了线上线下融合的全渠道变革。

总的来说，本书第 1 篇所选案例，皆为以零售业为主的数字平台企业。本篇详尽阐述了在赋能实体企业后，这些企业是如何提升效率、变革组织、洞察机遇进而带动行业发展的。当然数字化转型方式不存在标准教科书，企业也不可能照本宣科地变革，我们希望读者能从成功案例中领悟实体企业与平台企业合作的数字化转型之道，在新经济形势下因地制宜地实现数字化生长，进而助推产业升级。当然我们更希望读者跳出这些案例所处的行业，从新零售推动数字化转型的高度，结合企业实际，一隅三反，得出自身能用之术。

盒马鲜生：
不断迭代前行的新零售领航者①

刘向东　石明明　张　霞　何明钦

本案例描述了阿里巴巴集团旗下以数据和技术驱动的新零售平台——盒马鲜生，在互联网和数字化时代，如何洞察消费者需求变化和行业变革的机遇；如何逐步完成线上线下融合的新零售模式设计和过程迭代；如何充分运用数字化手段优化成本结构、走通盈利模式；如何回归零售本质，力求继续迭代出更新的商业模式服务于更广泛的消费者，从而在新零售领域逐步确立领航者的位置。

2019 年，春意浓浓的杭州，盒马鲜生 CEO 侯毅在一场年度零售大会上充满自信和期望地讲道：

> 我认为盒马鲜生已经基本成功，但是也有一部分郊区店，或者三线城市这种地方，存在巨大的挑战，我们需要去迭代一把……今

---

① 本案例由中国人民大学商学院刘向东、石明明、张霞和何明钦撰写，应企业保密的要求，对有关名称、数据等做了必要的掩饰性处理。本案例只供课堂讨论之用，并无意暗示或说明某种管理行为是否有效。

天的新零售绝对不是一个版本，今天的盒马鲜生也绝对不是只有一种商品结构就够了，而是要因地制宜，回到零售业的根本。

盒马鲜生作为中国新零售的典型代表，从诞生的第一天起就受到众人的关注、审视甚至质疑。经过几年迭代发展，盒马鲜生在新零售领域逐步确立了领航者的位置。盒马鲜生是如何做到的？盒马鲜生模式成功了吗？盒马鲜生未来又将走向哪里？

1. 初试 O2O：轻模式还是重模式

2014 年初的一个深夜，侯毅走出京东的办公大楼，回望身后依然灯火通明的大楼，内心十分感慨。这是他付出过无数心血与热情的地方，而现在，他将离开这里，离开京东。

2013 年，侯毅临危受命，担任京东 O2O（Online To Offline）事业部负责人。当时京东敏锐地看到了快消品特别是生鲜产品品类扩张与 O2O 模式结合的市场机遇，其战略逻辑可以归纳为"把货物从门店送到家，以外卖为链接工具"，即京东设计 O2O 平台，帮助线下实体店进行线上销售，扩大服务范围，同时，引导消费者从线上下单并支付一定费用，享受一小时送达的服务。

京东 O2O 到家模式的第一个合作者是山西唐久便利店。从 2013 年 5 月做出 O2O 战略决策到 10 月唐久的"到家"业务上线，侯毅和他的团队从合作伙伴的选定、运营逻辑的构建、信息系统的打造、商业资源的整合到营销方案的制定，耗时短短 5 个月，使京东的 O2O 战略落地，其中甘苦，谁人能知！

但是，随着运营初期促销热潮的结束，整个项目很快陷入低谷。侯毅把初战受挫的原因总结为"模式太轻"。一方面，京东本身并不拥有货源，也缺乏库存管理权限，再加上唐久便利店本身商品种类有限，无法在品类和即时性上充分满足消费者；另一方面，最核心的"时效"诉求实际上没能实现，消费者虽然可以"网订店提"或"网订仓送"，但这两种方式在配送时效与成本间的两难问题未能解决。

侯毅向京东高层紧急报告了运营的问题，进而提出新的方案：

> 可以尝试用实体门店的大卖场模式自建物流试试，因为大卖场模式本身是成立的，并且发货范围仅仅三公里，自建常温配送链就够了。

在侯毅看来，"大卖场＋自建物流"既能使企业对商品有自主控制权，在一定程度上聚焦高频使用产品品类，又能通过控制毛利方便后期的成本管理，更重要的是，这种重资产投入能更大程度保证商品送达的时效性，真正满足即时需求。

然而，京东高层婉拒了侯毅的建议。这其实也在情理之中，因为当时京东建立仓库已经够"重"了，很难再"重中加重"建实体门店。

2. 咖啡馆里论乾坤：盒马鲜生的顶层设计

上海滩的一家咖啡馆里灯光温暖，两个带着上海口音的男士相谈甚欢。一位是在零售业从业多年的侯毅，另一位是江湖上鼎鼎大名的逍遥子、当时的阿里首席运营官（COO）张勇。

> 我想试试能不能把线上和线下进行一体化结合，走出一条新的零售模式之路。

张勇直言不讳地把自己对阿里未来零售的发展思路告诉了侯毅。

侯毅马上意识到新的契机到来了，张勇的思路与自己在京东时极力倡导的商业模式在本质上几乎无异。侯毅端起杯子，喝下一口浓郁幽香的咖啡，接着张勇的话说道："一定要把模式做重。"

侯毅根据自己的实战经验判断，品类、时效和成本是做 O2O 绕不开的三个重要指标，特别是产品品类与送达时效，是消费者最敏感的两个维度，传统 B2C 模式与京东之前采取的"类外卖"模式都难以兼顾这三个指标。张勇认可侯毅的分析，两个人又围绕 O2O "重模式"的选择展开进一步讨论。

侯毅指出前置仓模式可能出现的问题："前置仓模式可能不合适，因为这种模式一是供应链损耗大，二是流量不够，三是品类有限。"

"大卖场模式本身的商业逻辑是通的，品类齐全，常温配送，物流成本也很明晰。""除此之外，我们要开 4 000 平方米的大店而不是 1 000 平方米的小店，只有这样，大店生鲜品类的最小存货单位（stock keeping unit，SKU）才能超过大卖场，否则就会死掉。"侯毅坚信，开对了门店，基本上就能走通整个商业逻辑。

随着交流的深入，张勇表现出极大的兴趣以及对该模式的初步认可，在接下来的交谈中，他们都认识到所讨论的内容已经进入电商运营最后的也是最危险的一片蓝海——生鲜电商。

生鲜食品是老百姓餐桌上必不可少的食品，这个品类的价格弹性较低，需求不确定性较小，容易培养出顾客黏性，此前已有诸多电商企业开始触碰生鲜食品这个蓝海市场。尽管资本的热情高涨，刚性消费需求也客观存在，但高损耗、非标准化、高昂的冷链物流配送成本以及较高的供应链管理要求，使得各路电商企业纷纷在这片蓝海里折戟沉沙。

2014—2015 年全国 3 000 多家生鲜电商企业几乎无一盈利。侯毅和张勇意识到，即使他们是零售行业的"老船长"，在这一片新的海域，他们也不能依赖过去模式复制路径，而必须凭借多年的经验向前探索。此时，两位船长已把目光共同聚焦到了前方。

接下来的一段时间里，侯毅和张勇多次见面，一起确定核心设计、细化刚性指标，以此来圈定项目的雏形，见图 1。

图 1　盒马鲜生的新零售服务模式

（1）时空属性——3 公里 30 分钟。门店的核心服务半径应为 3 公里，在这个半径内无需冷链运输就能及时供应，且配送时间有望控制在 30 分钟内，如此便可满足时下主流城市客户群对时速的要求。

（2）履约属性——"盒区"免费配送。为了满足日益增长的即时零售消费需求，要把履约配送能力打造成为核心竞争力，通过降低全流程运营成本为顾客让渡更大价值。当然，要想最终实现盈利，还必须发挥出电商的规模效应，也就是线上规模要能不断增长，达到每日 5 000 单，才有可能覆盖运营的成本。

（3）全渠道属性——渠道互补与品类扩张。未来的门店主要发挥流量收集作用，带给顾客直观和优质的体验，最终要把顾客引到线上去，一方面满足"即时消费"需求，另一方面突破门店 SKU 局限和坪效天花板，让顾客能够享受一站式购买服务。

（4）定义增长——从生鲜到百货。如今的盒马主打生鲜爆款，但着眼于长期发展，在供应链和流量逐步成熟的情况下，积极向医药、数码、日用百货等方向做好新零售运营拓展，加快用户增长和用户渗透。

敲定了顶层设计后，侯毅正式组建自己的创始团队，他们把这个项目命名为"盒马鲜生"：以生鲜食品带动整个到家商超的扩张，把精致的盒装商品极速送达顾客家中，带给顾客最优质的体验。

团队的成立只是"出航前"的准备，此时，侯毅面前有两个艰巨的挑战。

一是如何建立半小时到达的门店物流体系。

"今天大家看到我的悬挂链好像很牛，但是实际上当时我也不知道怎么做"（见图2）。盒马鲜生的门店实际上是前店后仓的形式，门店既要承担一个到家前置仓的功能，又不能影响线下顾客到店的购物体验，如果线上订单量足够大，那么门店里无数个忙碌的拣货员肯定会和消费者冲撞。"我当时想，能不能通过悬挂东西运到后场去拣货取货，直到后来我与一个奥地利公司的总裁聊起这个话题，他直接让我去观摩一下轻巧的服装生产线，我当时茅塞顿开，立刻着手建造了这套悬挂系统。"

图 2　盒马鲜生门店内的电子价签和悬挂链

二是如何建立线上线下融合的信息系统。

未来的盒马门店既要成为几千平方米级别的新零售线下门店，又要作为前置仓快速响应线上的即时需求，门店内部品类管理、分拣、结算以及后台的会员管理都需要高度信息化的系统作保障。同时，由于O2O的线上和线下渠道相互依存又保持一定的独立性，门店信息系统与线上App能否紧密协调就显得至关重要。

侯毅与阿里巴巴的王曦若谈论这个问题时说："当时没有现成的系统，最初考虑买一套线下系统去和线上系统连接。但是买线下系统的最大问题在于系统内部的构建思路不一定完全符合盒马鲜生的模式特点以及项目最初的顶层设计，在后期迭代的过程中，运维可能会跟不上进度。"王曦若曾是天猫的技术负责人，深谙线上平台的构建逻辑与系统技术。在交谈中，受到启发的侯毅很快就产生了"高维打低维"的想法："先建立一套线上系统，再从线上系统直接扩展到线下。"

因为侯毅对线下系统的玩法非常熟悉，所以他亲自牵头，在4个月里，终于把整套线上线下一体化的信息系统做了出来。侯毅说："当时这个系统的1.0版本十分粗陋，但现在盒马的信息系统是我们的核心机密。"

3. 从问世到明星："跑"通商业模式第一关

2016年1月，上海市浦东新区张扬路3611号的金桥国际广场，地处上海繁华地段的商业中心，悄然迎来了第一家盒马鲜生门店的入驻。经过一个上午忙碌，侯毅才稍稍地松了一口气。

尽管盒马的门店配送系统与信息系统在开业之前已经做好准备，但真正到了开业的第一天，侯毅的心里仍然有两块石头尚未放下，这两块石头正是侯毅实现盒马数字化运营的两块基石。

第一个不是成本，也不是销售，而是消费者愿不愿意下载 App 用支付宝结算。

侯毅心里明白，当时全社会支付结算市场份额中，现金、银行卡占据主导地位，盒马要引导顾客 100%用电子支付，简直是异想天开。虽然在现场将线下客户转换到线上的效率是最高的，但侯毅不确定消费者是否会产生抵触心理，尤其是中老年顾客是否会有不适感。幸运的是，他看到收银台前一位又一位顾客在盒马员工的帮助下成功下载 App、注册会员、用支付宝结算，还面带笑容离开。一天下来，几乎每一位顾客都注册了盒马会员，并乐意使用支付宝付款（见图 3）。

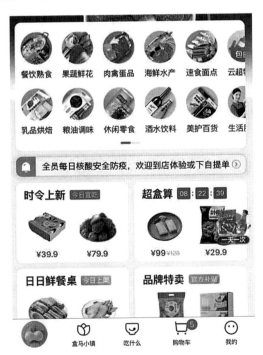

图 3　盒马鲜生 App 界面

侯毅坚信这一步对盒马具有战略意义。用他的话说："对于我们而言，这是核心任务，要是不能实现数字化就全是空谈，我第一天就强烈推荐顾客使用我们的 App。"

第二个是我们土法上马的系统不能崩溃，否则将大大影响顾客体验。

由于项目筹备时间有限，侯毅和他的团队所做的第 1 版信息系统仅实现了线上线下一体化、统一过程、统一会员、统一支付几个模块，侯毅已经做好最坏的打算，预先安排人工来解决可能面临的问题，好在这个系统总算经受住了开业的考验。

接下来的一个多月里，盒马鲜生金桥店的日流量、客单价以及总销售额增长迅猛，尤其是线上订单数量在 2 月份呈现指数级增长，线上订单与线下订单的数量基本持平且线上潜力很大。这说明"3 公里 30 分钟"的"盒区到家"服务模式深受消费者欢迎。盒马的这个杀手锏发挥了应有的效力。

不久后，张勇带领核心团队来上海看望侯毅，更重要的目的是来验收盒马的初战成果，这是他第一次以阿里巴巴 CEO 的身份来上海见侯毅。就在几个月前，张勇为侯毅扛下了全部压力，出于对这位上海老乡的信任和对阿里新零售的战略布局考量，他为侯毅打气鼓励："你大胆尝试，钱的问题我来给你解决。"凭借多年聚焦阿里业务的经验，张勇调取了盒马的几项核心运营指标数据，他发现，金桥店在 4 个月里，会员的持续增长率保持在 20% 左右，平均复购率大概为 4 次，会员留存率居然达到了 60%，这一项指标超过了天猫，排在当时全国电商行业第一的位置。张勇说："从持续增长率、平均复购率和会员留存率的指标来看，消费者是喜欢盒马的商品与服务的，是认可盒马模式的。这么多年来，终于有一个 App 在某项核心指标上能超过天猫了。未来，盒马的潜力是无穷的。"

张勇所选择的这几项核心指标暗藏玄机，其实是在测试盒马能否通过第一次"大考"——盒马模式是否受到消费者的欢迎？侯毅交出的答卷意味着这个全新的商业模式迈过了第一关，消费者是喜欢盒马鲜生的！

随后，侯毅开始了盒马鲜生上海二号店的筹备事项。经过金桥店的试水和验收，侯毅对模式迭代的理解更加深刻，特别是在第一家店运营中，他发现海鲜加工区的消费需求极其旺盛，这说明以生鲜为主题的消费场景能够激发顾客现场体验的欲望，"生熟联动"显得十分必要。增加了"吃"这个环节，顾客到店的体验有望进一步增强。于是，2016 年 9 月，盒马鲜生大宁店开业，门店中独立的餐饮区成为盒马标配，店后物流区的规划面积相比于金桥店也大大增加，这标志着盒马标准店成型。

"从 1 月份到 9 月份，经历了无数次的模式迭代，我们确定了物流区＋餐饮区＋购物区的门店形式，也就是今天盒马鲜生的标配。"侯毅很自信，从大宁店的市场影响力来看，迭代之后的标准模式带给消费者全方位的优质体验。

3.1 "鲜"字当头，优选商品

生鲜超市最本质的竞争力当属产品的新鲜程度和品质，这是消费者最关注的方面。盒马鲜生从项目成立之初就设定了"鲜美生活"的宗旨，借助出色的供应链管理，通过全球直采的方式，降低了传统门店在生鲜类目采购过程中的渠道费用和损耗，在价格上保持一定的优势。

盒马店内有专人对青菜、果品实时换新；采用小包装方式，提前把白菜、芹菜、冬瓜、海带等蔬菜切块分装，尽量做到一包一餐，大大地节省了消费者清洗、处理原材料的时间，让那些以 80 后、90 后为主体的"盒区"顾客的烹饪体验更加便捷轻松。

在价格上，盒马店内的龙虾、帝王蟹等高端生鲜产品比从酒店、水产店购买的更便宜，白菜、空心菜、胡萝卜等老百姓几乎每天都吃的蔬菜比传统超市的售价略贵些，但品质、新鲜度与便利性远远胜出，综合来看，盒马的性价比优势也很明显。

3.2 品类更宽，智慧服务，满足一站式需求

第一次光顾盒马的人，很难向别人描述自己究竟去了一个什么商店：

盒马是一家生鲜专业店，水产区有帝王蟹、八爪鱼、龙虾、鲈鱼，果蔬区有苹果、杧果、车厘子、牛肝菌、花椰菜，肉禽区有火腿、羔羊、各类鸡肉。

盒马是一家食品超市，我可以在这里以平价买到普通生活超市所销售的各类食材、副食品、调味品，并且根据盒马 App 给出的烹饪指南，让一家老小每天都吃到不同的食物。另外，超市里的海鲜烹饪区和餐饮区还方便我快速用餐，节省不少时间。

盒马是一家生鲜电商，利用盒马 App，我可以下单购买附近 3 公里内门店的商品，并享受 30 分钟内免费送达服务，足不出户，我就能每天买到最新鲜的精品食物。

消费者逛完盒马，很容易形成这些想法和判断，不过，在他们看来，盒马究竟是超市、便利店还是专业店并不重要，他们只关心这样一个新店究竟好不好玩、好不好吃、实惠不实惠。

3.3 门店精细化运营，打造精致生活

大宁店内，经过设计的灯光照射在各类果蔬上，商品本身明艳的颜色与盒马整体清新、简洁的背景相得益彰，营造出干净、高品质和多样化的感受；店铺顶部时常传动的悬挂链，帮助店员以更快的速度拣货分装，满足线上订单需求，让顾客对盒马形成了高效率和便捷的印象，也能让顾客亲眼看到配送准备的过程；与传统超市中紧凑、高大的货架不同，盒马并没有一味追求门店面积的最大化利用，而是以消费者感到舒适和便捷的标准来设计货架高度与布局；货架上的每种商品都有属于自己的身份证——电子标签，顾客通过使用手机扫描电子标签可以获取商品的来源地、日期、价格和其他属性，一方面便于门店统一管理，另一方面能帮助顾客更好地了解产品以及解决售后问题。

3.4 3 公里 30 分钟的"盒区"生活

盒马鲜生 App 主打"3 公里 30 分钟"：只要消费者位于盒马门店的 3 公里电子围栏内，就可以通过盒马 App 在线下单，选购所需商品，无门槛享受免费配送服务。从下单到配送到家能够在 30 分钟之内完成。"这相当于把盒马门店变为消费者的冰箱，顾客几乎可以随时随地取材"，这种足不出户的一站式购物填补了传统便利店、超市存在的诸多服务空缺。

3.5 特色餐饮，"生熟"联动

侯毅表示，"盒马鲜生是基于场景定位的，围绕'吃'这个场景来构建商品品类。"为了增强体验，从大宁店开始，盒马设置了餐饮区：

一方面通过招商联营的方式吸纳了很多餐饮店，不同门店的餐饮各有特色，有的以快餐为主，有的以海鲜为主，这些都会根据前期的市场调研做出决定。另一方面提供加工服务，消费者在店内选购海鲜后，直接将海鲜送到相应窗口加工，然后可根据口味和饮食偏好添加其他配菜及盒马鲜生自制的调料。

随后半年里，盒马又在上海、宁波加速开店布局并不断修改细节、迭代模式，进一步验证盒马标准店面模式的市场接受度。

4. 数字化赋能："跑"通商业模式第二关

2017 年 7 月，在盒马鲜生金桥店购物的顾客看到了一张熟悉的面孔——阿里巴巴董事局主席马云正在挑选海鲜，他徒手抓着一只巨大的帝王蟹与旁边的张勇、侯毅等人合影，并与购物的顾客热情交谈。这个高规格"购物团"光顾盒马的消息马上就登上了各大媒体的商业版面。马云与张勇此次的高调亮相，表明阿里巴巴正式向公众宣告了盒马的"家庭身份"，人们很自然地将盒马与阿里巴巴不久前提出的"新零售"战略联系起来，"原来盒马鲜生就是阿里新零售的一个代表形式。"一时间，盒马的金桥店、大宁店几乎成为"旅游景点"，去参观的还有大量的业内人士，他们以更专业的目光审视盒马。

送走了马云和他的团队，侯毅兴奋与喜悦之余，心里也十分明白，他自己刚刚又完成了一次"大考"，交上了一份还算满意的答卷。

在获得张勇的肯定后，我们已经确认了消费者是喜欢盒马的，接下来在上海其他区域铺店的过程中，我们一边验证盒马的模式可行性，反复迭代，一边开始探索最佳的成本结构，让这个项目的盈利模式也能走通。

马云的到来，一方面对外公示了阿里"新零售"战略中的盒马模式；另一方面对内见证并肯定了盒马鲜生盈利模式基本走通。

"新零售的本质是效率。"站在公司的角度，侯毅和他的团队一直在思考与迭代盒马的最优成本结构和最佳盈利模式，盒马要在光鲜亮丽的外表之下，通过全面的数字化手段提升零售效率，重塑成本结构，为此，侯毅和他的团队做了很多的工作。

一是建设数字化供应链和智慧配送网络，降低刚性费用。

所有提供到家配送服务的企业，都会受到每笔线上订单所产生的"刚性边际成本"的制约，包含配送费用和订单处理费用。侯毅基于多年来深扎物流领域的经验，运用"数字化供应链"管理模式，构建智慧网络，有效降低这笔费用。

（1）基于阿里底层技术平台的支持，盒马后台能够对消费者特性进行较为准确的分析，了解每个消费者的购买频次、品类偏好和渠道偏好等消费习惯。掌握这些信息，便于盒马进行合并订单等操作，使得单次配送的订单数量更具有规模经济性。

（2）盒马门店的动线设计十分合理，采用智能调度的方式，在符合基本的货架管理原则和店面结构之外，更多地为快速响应线上订单服务：店内动线十分通畅，采用电子价签，包装标准化，便于节省线上订单的拣货时间与人工成本；门店设计采取仓储式货架设计，同时具备线下的实体店销售功能和线上的仓储作业功能。传统零售店的动线设计更多是为了增加顾客停留时间，这也是O2O到家模式较难嫁接到传统零售店的一个原因。

（3）盒马店内处处体现着"能用机器绝不用人工"的理念，每个工作人员都配备了数字化订单处理设备，线上订单会及时传递给分布在店内各个位置的人员，他们就近拣货后，将其投递到传送装置，门店顶部的传送带会把商品运输到终端的配送人员手中，大大减少人员跑动时间，提高了效率。随着门店数字化程度的提高，服务流程不断改善和精简，订单处理的边际成本也就逐渐降低。

二是建设数字化顾客需求管理与精准营销，提高客单价与客单数。

客单价和客单数的提高，关键在于知道"哪些商品好卖，可以卖给谁，怎么卖"，知道了顾客想要什么就能获取客单价提高的机会。"顾客数字化"让盒马掌握了"盒区"范围内顾客的消费偏好信息，基于顾客年龄、性别、职业、饮食习惯等标签帮助后台将顾客变成精准营销的对象。"数字化的精准营销很重要，比如，我们推出的一款豆浆250毫升卖2.5元，后来我们做了750毫升的家庭装，卖10.8元，这款豆浆自推出第一天开始就供不应求。"侯毅对自己洞察盒马消费者的能力很自信。

"场景数字化"则将与消费决策相关的地理位置、时间等信息纳入用户画像数据库，作为影响消费者行为的外部环境因素，共同优化盒马鲜生后台的算法推荐系统。比如，同一套用户标签，如果考虑早、中、晚三个时段的消费决策，结果肯定大相径庭，早晨某位消费者喜欢购买三明治和酸奶，到了晚上系统要是再根据用户购买了酸奶就推荐三明治，显然让人啼笑皆非。将顾客和场景数字化，根本目的在于精确地识别特定时间、特定地点的特定客群，其偏好的消费组合、习惯是什么，掌握这些信息，盒马的云端系统就能够温馨地"提醒"消费者关注适合自己的商品组合，以此刺激潜在需求，提高加购率。如此一来，顾客在不同时点看似孤立的购买行为与购买品类在大数据的作用下得以链接，消费者会在不经意间主动增加每笔订单的商品数或提高复购率，客单价、客单数因此得到提升。

三是建设数字化流通渠道和品类管理，提高毛利率。

生鲜食品的毛利率一般不高，平均为 10%～20%，加之市场的蛋糕本来就有限，竞争异常激烈，一般商超的生鲜食品都是走量而很难走价。盒马如果按照市场平均毛利率去做，即使能够保本，也很难保证市场份额的扩大。

"第一看你的商品能不能满足品牌化，第二看是不是从源头直采、全球直采。"在侯毅看来，提高毛利空间的逻辑很简单，一个是如何确定价格，一个是节约成本，差价增多了毛利率也就提升了。

（1）在定价策略上，盒马首先是依靠数字化优化现有商品结构，拓宽品类和服务。

盒马门店大致销售 6 000 多种商品，其中生鲜产品种类不低于所有产品种类的 20%，这些生鲜品类的毛利率水平也不尽相同。商品数字化赋予了盒马第一手的流量数据，帮助盒马划分出爆品和滞品，并且将 SKU 标签化，赋予特定场景信息，与数字化的顾客及数字化的其他商品进行匹配链接。比如，早晨时段的酸奶，大概率指向 80 后、90 后白领女性，同时可能会与芝士蛋糕、三明治发生联系。商品间的链接和消费者的组合购买意愿决定了盒马可以通过引入相对高价格、高毛利商品替代组合中的一些低毛利商品，以类似互补品的方式带动商品整体的毛利空间提升。

（2）盒马通过增加自有品牌的比重拓宽价格带、提升商品平均价格。

"商品满足了品牌化，就拥有了个性，品牌化代表你对消费者的理解，代表你对整个商品组织链路的最佳化。"侯毅说道。自有品牌体现差异化，品牌溢价给传统的生鲜品类带来更大价格空间。盒马的一些苹果要比传统超市每斤贵 1～2 元钱，因为它们是自有品牌的，有自己的电子价签，可以帮助顾客溯源并了解更多信息，顾客还能享受损坏无条件退货的服务。顾客相信品牌背后的信誉和保障，自然会愿意支付一定的溢价。自有品牌还代表了定制化和个性化的能力。同时，阿里的技术平台能够对顾客需求做出准确的分析与预测，基于一个地理范围或一个时期内全样本的分析还能够了解市场喜好的走向，盒马便可几乎同步地跟进市场，一旦发现顾客产生了什么新的需求，上游生产和供应能第一时间跟进，打造成自有品牌商品提供给顾客。

（3）在降低成本上，盒马鲜生通过渠道再造，将上游的成本信息透明化，做到信息对称。

"传统蔬果超市、菜场毛利率为什么低？因为流通成本太高了。"由于我国规模化农业尚未形成，农产品销售必须依靠众多批发商来充当中介，层层加码就导致零售端的价格加成空间很小，盒马要做的就是通过建立全球直采、源头直采供应体系，重构链路：一是降低批发、运输等流通环节的损耗，省去更多的中间环节，把节省下来的渠道费用贴补给消费者享受价格优惠和服务；二是利用产地优势打出品质化的形象，把采购价格降下来；三是盒马摒弃传统商超收取"通道费"的商业模式，"我们不收取供应商一分钱的进场费，将全链条上节省下来的费用，直接补贴到消费者身上，确保盒马在微利情况下可持续运作该模式。"对此，盒马的高级副总裁张国宏解释道。

全面数字化的理念与快速迭代的数字化实践，帮助侯毅和他的团队不断探索盒马O2O模式的最佳成本结构，在相对成熟的市场空间，能够实现每单盈利和门店盈利，从而使这个零售创新形式能够在盈利模式上基本走通。

马云此刻的现身，对侯毅和盒马而言是一个重要的时间节点：一方面标志着盒马闯过了"顾客欢迎"和"门店盈利"两道关口，基本跑通了自己的商业模式，至此完成了从 0 到 1 的蜕变；另一方面标志着在阿里巴巴的支持下，盒马将开启从 1 到 N 的全国战略。

从 2016 年春节前诞生于上海的第一家门店到 2019 年 8 月，盒马鲜生完成了全国 22 个城市 171 家门店的网络布局。据 2018 年 9 月公布的数据，盒马 1.5 年以上的成熟店铺，平均单店坪效超过 5 万元，线上占比超过 60%。盒马依托数字化手段，不断迭代商业模式，在新零售创新中独树一帜，引领线上线下融合的新零售生活方式。

5. 进化无定式：体验为王，迭代以继

世间万物，唯变不变，盒马的迭代并没有停止。

侯毅一直认为："盒马的使命是把中国最好的农产品提供给我们所有的消费者，而不仅仅是北上广深的消费者。"

今天的盒马，不单单是盒马鲜生最初的形式，而是一个服务于不同商圈与消费者群体的新零售品牌：在社区，更接地气的地方，"盒马菜市"涉足，提供散装的蛋禽、蔬菜等，取消的餐饮区商品被换成了现做的豆腐、面条；在很多县、镇出现了"盒马 mini 店"的身影，放弃了标品的 mini 店对原有超市结构进行了改造，扩大特色生鲜的品类与深度，走更精致的路线；在盒马鲜生未能覆盖的地方或来不及覆盖的地方，"盒马小站"抢滩登陆，借助前置仓模式，以轻运营形式服务线上顾客。

2022 年 9 月 20 日，侯毅发布内部信，宣布盒马完成新一轮组织架构升级，成立三大事业部和三大中台的"三横三纵"业务架构，这是对盒马过去几年迭代和试错的阶段性总结。实际上，自疫情以来，侯毅始终在动态的内外部环境下保持对盒马以及实体零售未来走向的思考，从

最初的盒马鲜生、盒马 mini，到近十种业态模式，侯毅从不掩饰自己的心路历程，当然也包括走过的弯路，因为在他看来，零售本来就是要围着消费者转，要为消费者创造价值，就要适应不同消费者的需求。体验为王，迭代以继，将来的盒马仍将是一个未定式，正是这种"创新永远在路上"的精神，显现出中国零售业乃至中国经济蓬勃的创新力量。面向未来，侯毅坦言，商品力建设是盒马下半场的竞逐方向，毫无疑问这也是整个零售业的下半场赛点，盒马，已在路上！

钉钉：

数字化转型的引领者[①]

王 强　王哲璇　刘玉奇

近年来，随着数字经济和万物智联新趋势的快速发展，企业对于数字化转型、数字化协同能力的呼唤日渐强烈。新冠疫情期间钉钉（DingTalk）用户数急剧增长，使编者聚焦于钉钉的成长过程。本案例回顾了钉钉前身——"来往"的失败，讲述了创始人破釜沉舟，向死而生，以共创为武器，精准把握企业办公协同社交需求，最终将钉钉打造为中国领先的智能移动办公平台的故事。

从1.0版本到5.0版本；从企业内沟通到企业内外业务协同；从软件与硬件的智能化融合到个性化方案供给；从柔性液态的智能组织到数字化管理运营平台，钉钉始终站在助力组织数字化转型的最前沿，走出了使个人、企业、产业、社会都可从中受益的独特道路，为组织重塑、数字化赋能发展提供了支持，是数字时代组织转基因工程的引领者。

① 本案例由中国人民大学商学院王强、王哲璇，北京物资学院刘玉奇撰写，应企业保密要求，对有关名称、数据等做了必要的掩饰性处理。本案例只供课堂讨论之用，并无意暗示或说明某种管理行为是否有效。

2020 年，突如其来的新冠疫情袭击了整个世界。在中国，数万名医护人员、科研工作者昼夜奔忙，疫情基本得到了有效控制。

疫情不仅是对医疗行业的一场考验，更是对各行各业的一场大考。在防疫救治的主战场外，经济秩序怎样有序恢复？社会组织应如何从近乎停摆的状态到加速重启？复工、复产、复学人员的安全与健康应如何保障？

这一系列亟待解决的问题呼唤着高效高质、以"无接触"为特点的数字化解决方案。疫情像催化剂般加速激发着协同办公、在线教育等多种社会需求。远程协同、更为灵活的组织形态成为刚需。

2020 年 2 月 5 日，阿里巴巴旗下移动办公应用"钉钉"首次跃居苹果应用程序商店免费榜排行第一；联合国教科文组织向全球 39 个国家和地区的 4.21 亿名学生首推钉钉远程上课，钉钉成为首选的远程教育平台。

2020 年 5 月 17 日，在"2020 钉钉春夏新品发布会"现场，阿里巴巴集团钉钉创始人、原钉钉 CEO 陈航自豪地宣布，截至 2020 年 3 月 31 日，钉钉用户数超过 3 亿，超过 1 500 万家企业组织全面开启数字新基建。

钉钉是如何拥抱数字化的？如此快速的用户增长背后，它又有什么决胜的本领？显然，数字化能力的形成与成熟绝非一朝一夕，只有在前期的组织文化、数字化能力持续沉淀的前提下，钉钉才能化此次的黑天鹅事件为机遇。一切要从 2014 年钉钉的前身"来往"说起，这是"来往"团队倒下后，钉钉团队觉醒与重生的故事。

1. 觉醒与重生之路

在加拿大通往北极圈的高速公路丹普斯特的尽头有这样一句

话：到这里，路已经没有了，而你的故事才刚刚开始。钉钉诞生于"来往"，"来往"的尽头连接着钉钉的涅槃。向死而生，只要没死透，就有希望。我们的故事也才刚刚开始。

——钉钉创始人陈航

1.1 黑暗："来往"团队的失败

伴随着中国互联网技术的快速发展，国内网民对于网络社交的新鲜感与巨大的需求，使得社交市场成为多个企业眼中具有极大吸引力的巨型蛋糕。面对庞大的社交领域带来的流量，阿里巴巴也不甘示弱，一直尝试着对市场发动攻势，于 2013 年推出了阿里巴巴第一款独立于电商业务的社交产品——"来往"。

陈航是"来往"团队的初创成员，2013 年 10 月由一淘事业部调到"来往"事业部工作。值得注意的是，"来往"团队很多人都是被集团点名抽调来的，并且调令立即生效。可想而知，这些称得上集团中精英的一批人，在阿里人的心中，他们组成的团队必定是一支能打胜仗的队伍。尽管阿里巴巴高层罕见地在微博中奔走相告"来往"的诞生，尽管有阿里巴巴集团的持续输血，但几个月后的"来往"业务数据仍没有取得突破。更让"来往"团队沮丧的是，2014 年初腾讯财报显示其研发的微信这一社交平台的月活跃用户已经达到了 3.55 亿，同比增长 125%。

"来往"团队仿佛坠入了黑暗之中。初入社交领域，"来往"尚不具备自己的社交群体，无法进行有效引流，产品的用户体验更不到位。如果沿袭之前的路，"来往"必定扭转不了用户量持续下滑的趋势。

1.2 曙光：从工作圈到钉钉

面对这一番落寞的景象，陈航深刻地认识到，要想做出一个占领市场的产品，如果没有从用户的需求出发，是一定不会成功的。坐在房间里拍脑袋做决策的错误不能再犯了。"要走出去。"在经历了对即时通信社交市场的一系列调研后，陈航发现，非工作时间的私人社交市场已基本被微信等先发企业占据，一味地与其分割市场是一项艰巨的任务。与此同时，他发现工作时间的企业社交市场却很少有人涉足。这个发现能否帮助陈航实现"想做一款让人用到爽的软件"的心愿呢？

作为产品团队的负责人，陈航在调研结束并初步形成想法后，提议"来往"团队转换思路，做企业即时通信工具，他将其命名为"工作圈"。但"来往"团队中的许多人并不支持这个想法。历经了一个多月的探讨甚至是争辩后，团队内部成员的观点也没有达成一致。陈航意识到，再执着于私人社交市场没有丝毫的胜率，或许应该开辟一个新的战场。2014 年 5 月，陈航带领有同样想法的伙伴，一共 6 个人，组建了钉钉的初创团队，搬进了阿里巴巴的创业圣地——湖畔花园。这块曾经孕育了阿里巴巴、淘宝、支付宝的风水宝地，会给陈航带来同样的好运吗？

令陈航没有想到的是，团队在寻找第一批种子用户时就遇到了不小的困难。走访的多家公司都表示"不感兴趣，没有痛点"。如果没有公司认同企业通信这一想法，一切努力都将是徒劳。

也许是命运，也许是巧合，与杭州康帕斯科技公司（简称康帕斯）①创始人兼 CEO 史楠于 2014 年的那次计划外的会面，为陈航的企业通信社交想法带来了希望的曙光。康帕斯虽然是个小企业，但 CEO 史楠条

---

① 康帕斯过去只是杭州市文三路上一家不起眼的传统贸易公司，靠卖电脑起家，并且一卖就是 10 多年，而现在该公司是杭州大型 IT 设备零售公司，还是英特尔产品在福建、浙江两省的总代理。老鱼笔记. 康帕斯史楠：钉钉是员工管理领导的神器. (2018 - 05 - 07). http://blog. itpub. net/11310314/viewspace - 2154031/.

理清晰地向陈航提出了自己的诉求：第一是工作和生活信息太繁杂，沟通工具总是在 QQ、微信、邮件、电话和短信中切换，希望有一款统一的工作平台；第二是希望阿里巴巴将内部的高效企业管理系统简化后，免费提供给中小企业用，提高中小企业的管理水平。短短几个小时的沟通是陈航与史楠缘分的开始，也为即将形成的钉钉，埋下了共创的种子。

1.3　星星之火：钉钉与第一家共创企业

几个小时的沟通，是钉钉与康帕斯缘分的开始，对于史楠而言，打动他参与共创的，除了陈航所说的这款软件可以实现史楠的全部需求，更有陈航所承诺的，软件从头到尾一切免费。

从"来往"的失败中，陈航认识到，只有走到企业里、泡在企业运营的场景里才能打磨好产品。他率领研发团队入驻康帕斯，与销售、财务、行政、人事、技术、物流等部门进行全方位、深层次的研究，现场勘察沟通痛点，现场解决问题，不但在工作期间全程参与，甚至在工作外的生活中，与康帕斯的团队成员打成一片，同吃同住。

> 时间久了，信任感建立起来了。以前我们找一个老板问我们做得怎么样？他就会说好好好，什么都好，但是时间久了，就会说你这个东西做得真垃圾，怎么消息都发不出去，怎么用户反馈的问题，你一直就改不了。他不会再恭维你一下，说你是阿里巴巴，你们大公司做的东西真不错，就是对你实话实说了。
>
> ——钉钉前首席运营官朱立华

在这个过程中，康帕斯不断给钉钉提供各种各样的反馈意见，比如哪个版块不好、哪里需要改进。在改进过程中，钉钉逐渐摸索形成了其独特的共创三部曲：用户口口相传、免培训交付和规模化验证。

首先是创造更高水平的产品，超出企业预期值，令用户口口相传。其次是请新用户验证流程。把产品完全交付给新用户，对新用户进行免培训交付，这样任何新功能上线后，不需要再提示与培训，用户便能较为容易地上手操作与处理。最后是规模化验证并进行推广。只有深入公司，结合用户的底层需求来验证产品，才能使钉钉拥有真正的受众与市场。

在共创持续几个月后，钉钉的第一个内测版本终于做出来了。令史楠没有想到的是，内测版的报错竟到了面对面的人没办法发送消息的地步。更令史楠没有想到的是，当晚钉钉的产品经理就坐在康帕斯的会议室里调试程序，一夜之后平台就顺畅了。随后钉钉和康帕斯建立工作群，康帕斯员工作为使用者可以随时在群内提交钉钉漏洞报告。

有心人，天不负。钉钉的内测版本逐渐成型、漏洞越来越少。历经8个月的精心打磨，2014年12月，钉钉1.0版本成型；2015年1月，钉钉1.1版本正式上线发布。这次的钉钉，放弃了"来往"发布时的高调，以一种低调到近乎沉默的方式发布，但仅在发布当天，钉钉的用户规模就实现了10余倍的增长。钉钉的重生之路开启！

2. 从 1 到 N 的秘密

2.1 燎原之势：市场急速扩张

钉钉在创立初期，将关键点定位于社交的差异化。只有做到极致的差异化，才能拥有广阔的市场。作为工作场景的应用，钉钉第一看重信息安全，工作的文件数据要极致加密处理；第二看重专注，用户不会被个人生活中的朋友圈打扰，专心于工作；第三看重高效，方便用户在全公司中找到同事，及时处理公司事务。这三点是创业初期的钉钉与其他企业社交通信工具最大的差异点。

对于钉钉而言，我们在考虑怎么做差异化，如果单纯地做整个纯社交，包括对于普通用户的社交，我感觉不论怎么做是追赶不了其他社交软件了。因为互联网是赢者通吃。就是你如果给一个用户很相似的东西，老大肯定是赢者通吃的。很多事情都是这样的，除非你像苹果公司一样搞封闭。所以说对于钉钉来说，我们当初考虑的是怎么做差异化。我们切到一个点是工作场景，工作场景对于信息的安全性非常看重。整个产品技术这块，整个 IM、聊天系统是我亲自带的，我们把安全性做到了极致。不论什么东西，你做到极致，就把差异化打出来了。

——钉钉前首席运营官朱立华

康帕斯作为钉钉的全球首家共创企业，也在不经意间为钉钉链接了第二家共创企业。在康帕斯与英特尔谈合作的一天，康帕斯 CEO 史楠休息之余打开钉钉进行文件审批时，英特尔的上海总代理注意到了钉钉的优势，他希望也可以在英特尔内部推广使用钉钉，提升企业办公效率。通过康帕斯的搭线，英特尔成了钉钉的第二家共创企业。从一到二，从百到千，从万到百万……钉钉的企业组织用户数实现从 1 到 N 的快速增长。

2015 年 5 月 26 日，钉钉 2.0 版本正式上线发布；2017 年 9 月 30 日，钉钉企业组织数超 500 万家；2019 年 6 月 30 日，钉钉企业组织数超 1 000 万家；2020 年 3 月 31 日，钉钉企业组织数超 1 500 万家，成为国内移动办公软件领域的首选，活跃用户数排名第一，超过第二至第十名活跃用户数总和。

钉钉，正以燎原之势在数字市场中不断扩张。

2.2 坚持共创：与客户共舞

共创，被陈航视为钉钉能够成功把握用户需求的秘诀。实际上，康帕斯作为钉钉的共创企业，是钉钉与共创企业合作的一个缩影。今日的钉钉，为多行业提供专业解决方案：零售业、服务业、制造业、教育行业、电子商务……钉钉专业解决方案如图1所示。

图1 为多行业提供解决方案

复星集团是钉钉实际服务的一个大型企业组织。从2015年开始，复星集团就利用钉钉的基础架构，搭建了一个自己的内部管理平台，叫作复星通，它实现了与所有的被投企业的互联互通。除了传统的移动审批外，借助钉钉平台，复星集团将投资业务中最关键的人力资源、项目资源和信息资源充分打通，有力地提升了企业内外部的资源协同、共享能力，提升了业务绩效。从信息系统层面看，通过与钉钉的深入集成，复星通将复星集团原有信息系统快速升级到了移动互联网系统。原有的 OA 系统、HR 系统、投资系统等都已经从单一的 PC 端应用成功进化为高效移动服务。

> 比如说集团在进行投资立项时，复星通可以非常快地调动所有不同组织单元里的人员进入一个项目组，以最简单直接的方式进行工作。
>
> ——钉钉副总裁张斯成

北京洛可可科技有限公司则完全不同于大型企业组织，其创立于 2004 年，从一家设计工作室逐步发展成为布局全国甚至国际的创新设计集团。初期的洛可可发展迅速，但采用的管理模式较为单一，即单纯直线管理模式。随着规模的扩张、人员和项目的增多，如何解决公司内部的沟通以及行业生态链的整体协同等问题成为洛可可的首要痛点。

一次偶然的机会，洛可可董事长贾伟与陈航一起在湖畔大学上课，偶然聊起的钉钉让贾伟眼前一亮，随后就专门带团队跟钉钉团队做了一次深度交流。当时就拍板说要全面推行钉钉，作为一号位工程直接与钉钉对接，进行架构的调整与迅速推行。[①] 值得一提的是，开会讨论时，洛可可把企业的整体流程全部画在了一面墙上，基于这张流程图，钉钉花了一整天的时间进行了详细梳理。在这一阶段与钉钉的合作，洛可可搭建了"洛钉钉"项目工作台，通过组织、沟通和协同解决了公司内部痛点，并将设计项目通过"洛钉钉"实现在线即时沟通、在线跟踪项目

---

① 即使是一号位工程，推行期间也有诸多不易，例如当时洛可可原先所有的业务，如跟设计师、跟客户的交互全部是通过微信，但当决定将业务调整到钉钉后，就限定了时间点将所有微信群解散。这一过程也带来了很多争议和震动。

进度、在线提案、在线确认、在线存储沉淀，以更加高效、便捷的方式
提供更加专业的服务。项目工作台与洛可可的组织进行了深度融合，通
过数据驱动极大地提升了设计效率。洛钉钉工作台见图2。

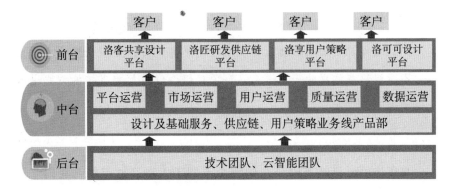

图2　洛钉钉工作台

注：初期合作中，洛钉钉也在迅速调整和变化，此图为访谈时展示的成熟版本，基于篇
幅略去中间过程。

2.3　时间的玫瑰：前进中的钉钉

今天的钉钉已经发布到7.6版本。在过去的几年中，钉钉在共创中
不断升级，融入了诸如在线沟通、在线协同、内外协同、软硬件一体
化、社群等理念，形成了不同时期的口号，也形成和奠定了钉钉在企业
通信领域江湖一哥的地位。

钉钉1.0版本可以说是为康帕斯定制的版本，日夜打磨后，钉钉
1.0版本将软件重点定位于沟通，具备免费电话、企业群消息等基本团
队沟通功能。此时的钉钉，广告标语是"新一代的团队沟通方式"。

2015年5月，钉钉2.0版本发布，实现了在线协同。进一步推出共
享云盘、工作流程、审批管理等功能，打造满足中小企业基本需求的
"移动OA"。广告标语升级成为"钉钉，是一个工作方式"。诸如每条信

息标注已读或未读状态的功能，显然不是奔着社交轻松自由的目标去的，而是抓住了在线办公需求与生活社交的差异性，希望能够切实提升企业组织的沟通与办公效率。钉钉各版本迭代详见图3。

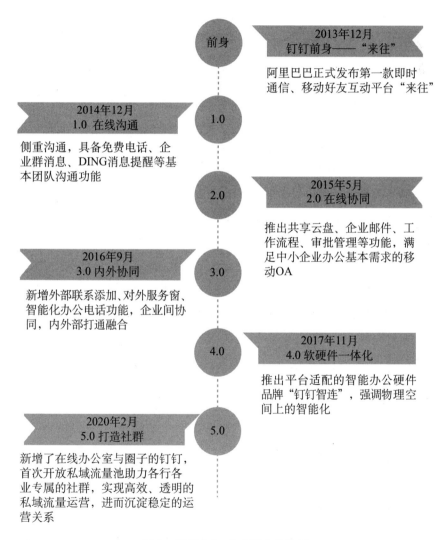

前身
2013年12月
钉钉前身——"来往"
阿里巴巴正式发布第一款即时通信、移动好友互动平台"来往"

2014年12月
1.0 在线沟通
侧重沟通，具备免费电话、企业群消息、DING消息提醒等基本团队沟通功能
1.0

2.0
2015年5月
2.0 在线协同
推出共享云盘、企业邮件、工作流程、审批管理等功能，满足中小企业办公基本需求的移动OA

2016年9月
3.0 内外协同
新增外部联系添加、对外服务窗、智能化办公电话功能，企业间协同，内外部打通融合
3.0

4.0
2017年11月
4.0 软硬件一体化
推出平台适配的智能办公硬件品牌"钉钉智连"，强调物理空间上的智能化

2020年2月
5.0 打造社群
新增了在线办公室与圈子的钉钉，首次开放私域流量池助力各行各业专属的社群，实现高效、透明的私域流量运营，进而沉淀稳定的运营关系
5.0

图3 钉钉1.0～5.0版本的迭代

注：截至案例采写时，钉钉迭代至5.0版本，后续版本的发布时间及更新内容均超出本案例所涉情景，故不再一一列出。

如果说钉钉的前两个版本主要致力于梳理企业内部的组织架构、助力企业内部的沟通协作，那么钉钉 3.0 版本致力于打破企业内部与外部的隔断。产业分工越来越精细，企业内外沟通的重要性不言而喻。陈航曾用"呼吸"来描述企业内外的沟通，只有通过一呼一吸的精妙配合才能使组织有旺盛的生命力。从 2015 年 5 月到 2016 年 9 月的 16 个月里，钉钉推出开放平台、引入 ISV 合作伙伴机制。2016 年 9 月，钉钉 3.0 "红树林"版本新增了外部联系添加、对外服务窗等功能。

> 我们面对的是发送者的诉求，我们希望提升效率，不希望接收者装死。归根结底，钉钉的理想是要在企业级市场上做一件有开创意义的事情，带中国企业跨入云和移动的时代，提升它们的工作协同效率，让它们有更多的精力用于创新。
>
> ——陈航

2017 年 11 月，陈航在 2017 秋季战略发布会上推出了钉钉"珊瑚海"4.0 版本，推出了平台适配的智能办公硬件品牌钉钉智连，最亮眼的是三款智能硬件产品：智能前台 M2，解决打卡的办公场景、钉钉投屏，为视频会议打好基础，智能无线路由器，保证企业网络需求。陈航曾这样表述："钉钉开发硬件不是为了挣钱，而是和做软件一样保持初心。不论软件还是硬件，都要致力于解决企业的痛点。"钉钉的前三代版本助力企业从线下办公转战线上，4.0 则反其道而行之，开启了一条全新的路径，让线上反哺线下，帮助线上线下完全融合，进而进入软件、硬件智能化融合的钉钉 4.0 时代。

深度共创与积淀了两年多之后，2020 年 2 月陈航带着钉钉 5.0 版本"巴颜喀拉"亮相。新增了在线办公室与圈子的钉钉，首次开放私域流量池助力各行各业专属的社群，实现高效、透明的私域流量运营，进而沉淀稳定的运营关系。在进入 5.0 时代后，钉钉不仅能够完成企业内外的文化共创，而且会触达上下游合作伙伴、学员、粉丝等外部主体。从内部管理、内外协同直至平台转化，企业各环节业务开始高度整合，钉钉在百工百业中的渗透率提高成为不可逆的趋势，这将进一步推动钉钉走向"全民钉钉"。

3. 从工作方式到智能组织的数字化工具

3.1 一个工作方式：让员工成为发动机

从世界上第一条流水线诞生至今，过去了一个世纪，如今社会的变迁远远大于历史上任何一个时期。业务能力的提升与进步固然离不开科技智能化的推动，但究其根本，"人"才是核心要素。任何产品都是产生于人，服务于人，脱离了"人"这个生产要素，创新与发展就无从谈起。无论是在 DING 峰会还是新品发布会上，陈航多次提到"以人为本"，让人不再是流水线上的螺丝钉，而是成为发动机。

怎样才能更好地帮助企业以人为本呢？陈航在 2018 年提出了"五个在线"：组织在线、沟通在线、协同在线、业务在线、生态在线。通过"五个在线"把人从流程中解放出来，让人成为发动机，自驱向前，完成人与人、人与组织、组织与组织各个维度上的数字化，激发每个人的创造力。钉钉的"五个在线"如图 4 所示。

组织在线是这"五个在线"的基础。组织在线意味着组织成员的通信信息、文件数据完全在线化。为了保证用户安全，钉钉通过了四项权威安全资质认证，拿到安全资质的"大满贯"，完成了信息数据的极致

图4 钉钉的"五个在线"

加密处理。复星集团作为钉钉的第一个大型共创企业，借力钉钉，搭建了复星集团产业链的资源共享平台，实现了企业内外的人脉、IT、服务资源共享。

> 对于企业来说，把通讯录都放在钉钉上，相当于以前组织把通讯录交给某一个重要的人，把半条命交给你了。
>
> ——朱立华

沟通在线不仅帮助组织成员高效沟通，实现工作与生活的分离，避免成员在工作中被个人生活中的朋友圈打扰，而且方便组织成员在全公司中找到同事，及时处理公司事务。钉钉的已读、未读功能节省了大量时间成本，并且减少了沟通中80%的无效信息。

协同在线加速组织变革。组织成员在线实现业务上的协同工作，各个任务管理之间相互支持。钉钉在线连接人才、资金、技术、信息等各类生产要素，打破了传统的线性链条组织，实现人与人之间的协同互助。通过 OA 审批等智能审批功能，有效降低了企业内部管理、市场交易的成本，减少因经济社会的信息不对称带来的损失，进而降低了交易费用。

业务在线从业务流程和业务行为的数据化、智能化和移动化入手，增强企业的大数据决策分析能力。以国产护肤品林清轩为例，在接入钉钉的"智能导购"后，实现了钉钉和手机淘宝打通，门店店员通过钉钉发送导购信息，客户通过手机淘宝查收相应消息。线上线下会员系统打通后，会员无论在天猫或线下复购，对应的导购都可以得到佣金提成。林清轩会员的招募效率提升了近30倍，企业销量提升了近3倍，导购人均业绩增加了将近1倍，这些都是业务在线赋能后释放出的巨大能量。

> "五个在线"中，到了业务在线这一步其实就到了数字化的深水区，大量技术产品的资源分配、运作、管理，要被全部数字化。
>
> ——钉钉现副总裁熊伟煜

生态在线致力于实现智能决策。企业和客户都实现在线连接。数据化、智能化、移动化产生的大数据将驱动生产销售效率不断优化提升，以人为本的透明管理将激发生态体系中每个人的创新力。从个体的人到与组织相联系形成的智能组织，都将进一步实现生态在线。

在钉钉的广告标语演进过程中，由最初的"新一代团队沟通方式"，变成了如今的"钉钉，一个数字化工作方式"。钉钉从重构沟通方式，到实现企业内部高效协同，再到企业间的协同办公，形成了一个连接供应商、零售商、销售商、消费者的云平台。有这样一句话非常经典："今天的问题源自昨天的解决方案"。或许这句话反过来依然成立：今天的解决方案致力于解决昨天的问题。

> "五个在线"带来的新工作方式，让组织里优秀的个体脱颖而出，激发出每个人的创新力，集体因此变得更优秀。如果用一个词来描述钉钉的'新工作方式'的管理思想，那就是透明管理，让每一个人的优秀可以被大家看到。
>
> ——陈航

理想中的智能组织究竟能不能实现呢？钉钉的组织形态要如何落地？

3.2 智能组织：从刚性科层到柔性液态

什么是未来的组织？钉钉提出了关于"智能组织：从刚性科层到柔性液态"的思考。一个组织是不是智能，不仅在于采取了什么样的管理思想、管理模式、组织架构和技术支撑体系，还在于一个组织对外部变化的反应能力。关于智能组织的特征，有很多标签可以去表征，如无边界组织、液态组织、原子化组织等。其中，液态组织是钉钉所关注的重要方面。

> 人类社会生产力在不断地加速进化，人类社会的组织形态也必须要同步做出进化。在过去100年里，大型企业的组织管理模式叫作科层组织管理模式。现在大家感觉到科层组织管理模式正在逐步淡出历史舞台，取而代之的是一种全新的分工协同模式，一种能够自我组织、能够自我适应的组织形态。
>
> ——张斯成

钉钉，在服务千万家企业组织的同时，吸收着各行各业最优秀的管理思想与组织观念，不断打磨自身的组织形态。那么，钉钉是如何将液态组织的模式落地实现的？未来又能成为怎样的智能组织？

第一，钉钉坚持扁平化，基本上不存在所谓的管理半径的限制，并且要求全员服务钉钉，每一个人，无论是CEO还是实习生，都是钉钉的小二，几乎是非常平等的。

> 我们互联网的管理思想是让企业内部变得扁平，变得透明化。我们要让流程和机器围绕人工作，去配置最优的资源。
>
> ——陈航

第二，组织内是透明的，具体表现为业务数据化，所有的业务必须要以数据的方式进行沉淀，靠数字说话，并从数据中发掘新的商业机会。内部的公开透明特性，保证了不存在人为的二次干扰。

第三，坚持招之即来，来之能战，战之必须要打胜的作战体系。这个作战体系的背后是由钉钉人强烈的自我驱动精神来保障的。

> 它是新版本意义上的"因人设事"，也就是褒义的。我们说招之即来、来之即战、战之即散。因为我们的项目都非常临时，不是大战役。比较临时，要求一专多能。我们最经典的就是：三个人干五个的活，拿四个人的工资。
>
> ——钉钉现副总裁杨猛

第四，钉钉内部独特的文化机制。钉钉的一天：每天晚上10点半后都会有一位骨干成员通过日志分享当天的钉钉故事，其他成员将互相评论与总结。只有员工间自由联通，才能实现信息的充分共享。

第五，公司的治理层面要逐步形成一个球状的协同网络，只有球状的协同网络，才是最简单、最高效的。

> 从刚性科层到柔性液态的转变中，第一是从强烈依赖自上而下的流程设计，变成一个可以自我迭代、自我优化的流程机制，随时随地可以发起对流程的改进。第二是组织里面每个人从被流程驱动转变成拥有独立的动力、可以自行前进的个体。第三是每一个人从相对固定的业务线变成一专多能，他可以主动地去参与和承担各种可能的角色。
>
> ——张斯成

今天，组织面临的最大挑战在于：当信息技术将人—设备—业务—系统—组织—企业连接成一个网络，传统的业务系统从一个简单的机械系统演变成一个复杂的生态系统时，一个组织如何面对复杂生态系统的不确定性需求。不确定性与挑战、机遇相伴而生。钉钉灵活的决策机制，勇于试错、敢于冒险的文化，驱使其更迅速、更频繁地进入大众视野。构建智能组织，是钉钉数字化能力提升的重要突破口和着力点。

3.3 数字化工具：人、财、物、事助力数字化转型

2018 年 12 月 9 日，钉钉 2018 秋冬发布会在北京 798 艺术区举行。在这次发布会上，陈航提出了"钉钉，一个数字化工作方式"的全新广告标语。在数字经济时代，钉钉作为中国企业数字化变革的"弄潮儿"，希望能够帮助企业从人、财、物、事全面实现数字化运作，数字化决策。

"人"是实现数字化转型的根本。通过钉钉架构的企业通讯录，企业实现组织结构的在线化与数字化；通过外部联系人功能，企业实现客户和渠道关系的在线化与数字化；通过企业广场，企业实现需求和供给的数字化连接；通过数字化商务人脉，钉钉助力每个人沉淀职场人脉。在钉钉 2018 秋冬发布会上，陈航展示了数字化商务人脉的第一个产品：数字化名片。钉钉数字化名片实现了 3 秒和在场的千人互换名片的愿望。

"财"是数字化企业的支付解决方案。背靠阿里巴巴集团，钉钉和支付宝联合推出数字化企业支付解决方案。通过钉钉数字化企业支付，企业从审批到打款，再到票据归档，全部在手机端快速完成。6 步 3 小时，实现效率提升 10 倍以上。钉钉帮助企业节省的费用如图 5 所示。

"物"是软硬件一体化的智能数字化办公室。企业数字化要从工作空间的数字化体现，工作空间的数字化依靠智能硬件和钉钉软件的融合。

"事"体现为智能文档与智能客服。智能文档具有在线编辑和智能协同的功能。智能云客服，为企业解答来自 PC 或手机网页端、公众号、

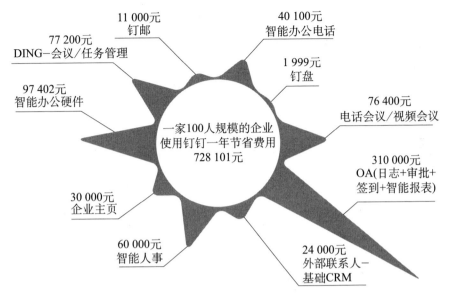

图5 钉钉帮助企业节省的费用

小程序等各种线上渠道来的各种咨询，可辅助回答90%以上的客户咨询问题。

围绕企业的"人、财、物、事"这四个重要的方面，钉钉希望帮助企业实现经营管理的在线化与数字化，通过数字化技术来打造透明、平等、开放，以人为本的工作环境，让每一个人的优秀都能被大家看见，激发每一个人创造、创新的自驱力，助力企业在数字经济时代，创造、创新、持续发展，这或许是数字化的本质所在。

4. 数字化抗疫的支撑系统

4.1 打铁还需自身硬

2020年初，新冠疫情成为对各行各业的一场大考。当医护人员驰援武汉时，钉钉"逆行者"则以另一种方式与病毒搏斗。除夕当天，钉钉团队仅用 40 小时便推出员工健康卡产品，而且是由团队远程在线工作实现，这无疑对组织凝聚力和在线协同提出极高的要求。

2020 年 1 月，当国家进入疫情紧急动员的状态时，钉钉迅速发布了抗疫产品——"健康上报"，同时还发布了一整套在线办公的解决方案并免费向全社会开放。在钉钉的办公室功能选项中，有非常详细的操作指南来应对疫情的紧急状况。为应对在线办公和在线上课的双重流量高峰，钉钉已连续在阿里云扩容 10 万多台云服务器。[①] 钉钉数字化抗疫成果见图 6。

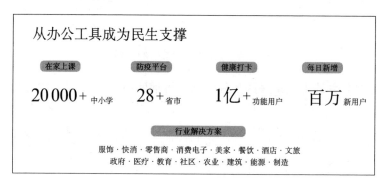

图 6　钉钉数字化抗疫成果

打铁还需自身硬，钉钉既要拥有情怀和胆识，又要具备能力与韧性。持续打磨和迭代为钉钉快速成为数字防疫尖兵夯实了基础。没有一个冬天不可逾越，没有一个春天不会到来。

"战时"的能力源于平时的"积累"。从完整供给到高效物流，阿里巴巴强大的组织能力支撑成了一个完整的系统。

——钉钉副总裁白惠源

---

① 亿邦动力网．

钉钉全域联动的"数字防疫系统"直接解决居民社区、疫情防控机构对信息采集、实时动态更新、疫情监测查询等需求。企业复工平台、无接触考勤、码上复工、在线课堂、在线办公等产品为企业复工、复产提供了数字化便利，同时为其他企业带来线上广阔的商机。

4.2 赋能企业和组织

在数字经济时代，风云变化。从企业需求特征来看，基于规模化导向的确定性需求正在变化，市场竞争环境快速变化，不确定性增强，钉钉从以企业内部管理为主向以客户运营为主拓展。陈航认为，传统的企业能否转型为数字企业，首先要看管理者的思想，要从流程效率转向以人为本，形成数字化转型的意识，树立以消费者运营为核心的理念，树立全渠道营销、线上线下融合、数字驱动等新理念。

在突如其来的疫情面前，从 2020 年 1 月底到 4 月初，很多企业遇到了困难，销售情况分外惨淡。在这种情况下，老板如何赚钱，员工如何工作，企业该如何活下去呢？提前拥抱了数字化，提前拥抱全渠道营销，具有数字化转型意识的企业，将黑天鹅事件转化成了自己的机遇。

上海清轩生物科技有限公司（简称林清轩）是其中的典型。2018 年林清轩就引入了钉钉平台，通过"钉钉＋手淘"打通的方式注入了数字化转型的意识。线下导购通过钉钉与顾客沟通交流，通过手淘将优惠券做精准投放，培养全渠道营销、线上线下融合的数字化意识。

疫情来临，林清轩大多数门店的业绩跌到了平时的 10%，有些可能跌至仅 5%，但凭借数字化意识及其在钉钉导图中积累的 220 万粉丝，即使店员无法线下办公，林清轩依然通过钉钉，发图片进行宣传，发放优惠券吸引顾客，毫不耽误线上营销。2020 年 2 月 1 日—23 日，林清轩线上销售额同比提升 5 倍，3 月份整体销售额达同期 120%，线下客单价提升了 64.3%，店均业绩达同期 122.19%。

> 来了这冠状病毒，发现新鞋有，但是老路没有了，走不了了，
> 过不去了。这时候怎么办呢？必须得找新的路走。这时突然发现数
> 字化的道路都是通的，一切的数字化的道路都是畅通的，只是过去
> 没走。突然你把车拐到数字化的高速公路时，发现人还少，车
> 还少。

——林清轩创始人、总裁孙来春

内蒙古蒙牛乳业（集团）股份有限公司则是大企业实现数字化转型的典型。公司在全国大概有数十万名员工。疫情期间，在集团层面，各业务线的 HR 负责人与 IT 负责人建立了 30 人的应急办公小组，对全集团进行钉钉应用的远程指导。钉钉在助力蒙牛抗疫中主要有三个关键作用。

首先，钉钉健康打卡——两天覆盖蒙牛 4.5 万名员工。疫情大面积暴发后的 9 天之内，蒙牛累计捐赠了 7.4 亿元的牛奶。由自有物流把牛奶送到一线疫情战场，涵盖 31 个省、市、自治区，送达了将近 8 000 多家医疗机构和警务机构等防疫机构。如何保障蒙牛一线物流员工的安全？蒙牛使用钉钉推出的健康打卡收集员工健康情况。在钉钉推出健康打卡的第 2 天，企业就全员部署了健康打卡。

其次，钉钉助力销售——实现对一线销售的订单处理和任务管理。疫情暴发之后，导购的销售策略发生变化，蒙牛利用钉钉下达新的销售任务，进行订单管理等。

最后，钉钉助力蒙牛总部集团员工不停工——如流程下达、信息收集、视频会议等。钉钉在满足一线需求的同时，对蒙牛公司内部也开放了直播视频、在线会议和在线文档编辑功能。工作中可能遇到的突发事

件，也可以通过钉钉平台很快搭建起相应的流程架构。

另外，政府部门对于钉钉的需求也很大，其中典型的是钉钉助力浙江省政府搭建的"浙政钉"。疫情发生后，掌上办公成为刚需，对于浙江 133 万名公职人员，政务钉钉平台"浙政钉"成为他们抗击疫情和复工复产中的"神器"。

"浙政钉"数字驾驶舱数据显示，2020 年 1 月以来，"浙政钉"使用量猛增，其中日均语音电话同比增长 346%，日均 DING 消息同比增长 91.6%。在减少聚集的客观要求下，"浙政钉"有力提升了全省疫情防控和复工复产的效率。整个政府内部工作效率也得以提升。省、市、县数据打通后，从省长到逐级官员，政务层层落实，达到全方位触达。截至 2020 年 3 月 18 日，"浙政钉"已接入机构数 6.9 万个，激活用户数 122.6 万人，建立各类工作群 29.4 万个，汇聚整合各类应用 1 037 个，各级工作人员通过"浙政钉"日均发送消息 900 万条。

4.3 助力在线教育

2020 年 1 月 29 日，为落实全国教育系统疫情防控工作的政策和指示，钉钉充分发挥数字化技术的优势，上线了在线课堂、直播互动等教学场景的详细解决方案。多地教育局为推行在线教学服务，纷纷发文推荐使用钉钉在线课堂，一时间，大量中小学生涌入钉钉。为了保障网络授课、群直播等在线业务，钉钉在阿里云投入海量的计算资源。基于阿里云弹性计算资源编排调度服务，钉钉在短短 2 小时内新增部署了超过 1 万台云服务器，这一数字也创下了阿里云快速扩容的新纪录。

以往市面上的线上教育平台已有不同科目、不同水准的课程供用户（即学生）选择，并通过课程的优劣比较进行市场竞争。疫情期间，学校纷纷采取在线教育，事实上进一步唤醒了数字化教育。在线教育与实体教育最大的区别在于师生能否进行真实、有效的互动与管理。对于自制力较差的学生，单单提供优质课程是不够的。因此，钉钉将思路转换为如何辅佐老师更好地上课。"钉一下"等多年来被用于管理员工的功能，现在被用来管理课堂，在学生管理中也很见效。

在网课推行的初期，中小学生接受新型授课方式有一定的困难。加之"软件在应用商店中评分低于1分会被强制下架"的传闻，中小学生们涌向各大应用商店，为钉钉打出大量"一星好评"。内容为"太棒了""钉钉真是个好软件"等正向内容，但打分以"五星分期付款"的名义，仅给出"一星"。钉钉在应用市场中的用户评论见图7。

图7　钉钉在应用市场中的用户评论

众所周知，作为App的重要评价机制，星级往往是各大App看重的内容，许多App更是为了能获得五星好评拼尽全力。铺天盖地的"一星"汹涌而来，钉钉的评分一度下降到1.3分。钉钉官方微博发出了"求饶图"，也在哔哩哔哩网站的官方账号中发布了《钉钉本钉，在线求饶》的视频，阿里系的各大官方微博更是纷纷替钉钉解围。钉钉的这一次公关无疑是成功的。随着在线教育的推广以及广大学生对于钉钉的接受，钉钉的评分逐渐恢复，活跃用户也进一步增长。

从实际效果看，疫情期间，钉钉支持了全国 14 万所学校、300 万个班级、1.3 亿名学生在线上课，有 600 万名老师在钉钉上累计上课超过 6 000 万小时。截至 2020 年 3 月 31 日，钉钉已经培训超过 100 万名数字化教师。

2020 年 5 月 17 日，钉钉正式推出"家校共育 2.0"，完成钉钉家校产品的版本迭代。钉钉从课前、课中到课后，为老师提供了丰富的教学工具和资料，并对教学场景做了大幅优化，打造了互动性更强的在线课堂。

> 传统教学工具只有黑板和粉笔，而且上课过程无法回溯，知识点讲解难以重现，钉钉家校共育 2.0 解决了传统课堂的局限性，为老师提效减负，帮助老师将更多时间放在教研和关注学生成长上。
>
> ——陈航

5. 未来已来，直面挑战

5.1 昙花一现还是势不可挡

新冠疫情期间，在线教育、在线办公的需求被急剧刺激与释放。钉钉在疫情开始期间的月活跃人数变化趋势见图 8。

2020 年初，全国 30 多个省份的 1.2 亿名学生在钉钉上网课，同年 2 月初，钉钉登上了 App Store 下载排行榜第一名，不到一个月，钉钉的

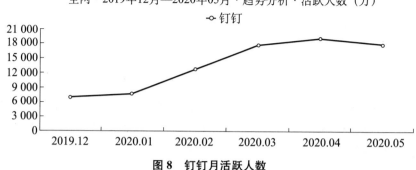

全网·2019年12月—2020年05月·趋势分析·活跃人数（万）

图 8　钉钉月活跃人数

总下载量便高达 11 亿次，月活跃人数达到 2 亿，日活跃人数从 3 600 万一下子跃升过亿。两年后的 2022 年 3 月，钉钉月活跃人数更是达到了 2.2 亿，日活跃人数超过 1 亿，超过 2021 年峰值。

然而根据很多老师的反馈来看，在线教育很可能还是降低了教学效率，目前而言并不能引起教学革命。同样，部分企业员工也反映在线办公的效率并不如想象的高。究竟是特殊时期的昙花一现，还是势不可挡的协同办公趋势，这个问题需要交给时间来回答。

5.2　中国的钉钉还是世界的钉钉

中国互联网发展至今，大多数在国内获得热捧的互联网产品都能从硅谷找到原型，然而钉钉是与众不同的存在。李开复曾经这样评价钉钉的原创性：

> 它不像中国人做出来的产品……它有很多以前从未听说过的大胆突破式创新功能，比如 DING 功能、网络电话、密聊模式等，都深度研究了解了中小企业的困扰和需求。

钉钉在 2018 年正式宣布启动国际化战略，首批用户主要集中在东南亚地区。在这次全球疫情背景下，钉钉不仅走出了亚洲，更是被联合国推荐给全球的学生。由于企业文化因国家、行业甚至个体不同而存在巨大差异，如何使钉钉满足海外市场的跨文化需求，难度可想而知。

5.3 竞争者紧追还是独占鳌头

在移动办公软件领域，钉钉已成为企业首选，也在不经意间成为很多企业和组织数字化转型的开端。企业级移动应用的市场规模之大，引来众多公司入局分食这块蛋糕。截至 2019 年底，企业微信已经拥有 250 万家注册企业，6 000 万活跃用户。于 2019 年 12 月底上线的腾讯会议，成立 5 个月连续两次被写入腾讯集团财报。根据第三方机构 QuestMobile 发布的数据，2022 年 9 月多个协同办公 App 月活跃用户数达到了新高，其中钉钉为 2.2 亿，排名第一；企业微信为 1.1 亿，排名第二；飞书为 840 万，排名第三。其他 App 虽不及钉钉的规模，但实力不容小觑，钉钉面临的挑战不言而喻。

5.4 集团输血还是自力更生

马云与复星集团的 CEO 郭广昌一次聊天时才发现"来往"的小批原班人马还在坚持走企业社交通信这条路，成功孕育出了早期版本的钉钉。在发现这个惊喜后，马云亲自考察钉钉，更是下令阿里巴巴集团今后对钉钉重点栽培。

虽然钉钉目前取得了极高的市场占有率，积累了一大批企业用户，但钉钉仍依赖于阿里巴巴集团"输血"，它尚处于快速规模化的阶段，商业化仍在小心摸索阶段。钉钉作为一个商业公司，盈利也是关键的。无论是产品服务化或是服务产品化，最终还是要自主走向更遥远的地方。

6. 尾声

2020 年 5 月 17 日，钉钉春夏新品发布会现场有些特别，作为钉钉吉祥物的尖尾雨燕"钉三多"和虚拟的"钉哥""钉妹"拉开了新品发布会的帷幕。

一袭黑衣的陈航，站在 2020 钉钉春夏新品发布会的舞台中央，眉头微微皱起像是思索着什么，他眼神坚定却不失柔情，回忆与钉钉相伴的 5 年 1 800 余天。钉钉从沟通走向了协同、开放，再到软硬件一体化的生态，满足不同类型的企业和组织在工作学习场景中的沟通协同需求。

> 《全球概览》（*The Last Whole Earth Catalog*），这本深深影响乔布斯的杂志在 20 世纪 70 年代停刊时，最后一期的封底是一张清晨乡村公路的照片，并写着：Stay hungry，Stay foolish。我们钉钉的口号是 Stay hungry，Stay foolish，But be Crazy。
>
> ——陈航

2021 年 7 月，随着陈航的离开，往日的荣耀与失败都将封存在回忆中。2022 年 3 月钉钉发布会舞台上，新任 CEO 叶军精神饱满地介绍"让进步发生"的新品牌主张，并对当前企业数字化路径和自身价值做出进一步的深度阐释。面对未来难以预测的局势，钉钉相信，唯有坚守理想决不放弃，做数字经济时代的"钉三多"，一起推动中国企业快速进入数字化经济时代，才是钉钉人直面挑战的信念与决心。

数字化帮助企业在不确定性中寻找确定性，这是时代的进步。

钉钉认为数字化从来都不是少数人的权利，而是千行百业共同的进步。每一个人、每一个组织、每一家企业都应该享受到数字化的红利。钉钉要做好数字经济时代的服务者。

——叶军

京东集团：

数字经济时代自营式电商的数字化升级[①]

谢莉娟　庄逸群　王晓东　赵懿清

本案例描述了典型 B2C 自营式电商——京东集团的数字化升级之路和主要实践。从大数据基础设施建设和算法开发到数字化能力的具体业务场景应用，再到数字化赋能合作形成多方受益的"数字化矩阵"，京东正在逐步深入打造其数字化升级的战略布局。

在此过程中，基于全域消费大数据，更为清晰的市场洞察和精准的消费者触达是京东数字化升级的起点和关键。之后，通过技术驱动实现供应链全环节效率提升和高效协同，构建由"人"到"货"的全链路升级，并对外开放、合作赋能，是京东数字化升级的重要实现路径。其中，诸如自有品牌等实践探索，更是京东利用其供应链数字化能力和自营优势的集中体现。

为了实现消费场景的"无界化"，京东进一步由线上走向线下，通过与头部商超合作的京东到家、面向社区便利店的京东新通路和线下生

---

① 本案例由中国人民大学商学院谢莉娟、庄逸群、王晓东和首都经济贸易大学会计学院赵懿清共同开发撰写。应企业保密的要求，对有关名称、数据等做了必要的掩饰性处理。本案例只供课堂讨论之用，并无意暗示或说明某种管理行为是否有效。

鲜超市 7FRESH 等打造真正的零售"数字化生态"。伴随数字技术的快速迭代变革、消费需求个性化及复杂性的进一步凸显，在零售商业模式日新月异的变化趋势中，京东也在思考未来的发展方向。

2019 年 4 月 17 日，京东零售集团时尚居家平台事业群首次合作伙伴大会上，面对众多品牌负责人，时任京东零售集团轮值 CEO 的徐雷详细阐述了集团的数字化升级战略。徐雷总结为："基于对数据、行业以及零售未来的洞察，与商家共建以大数据为基础、多方受益的数字化矩阵，是京东数字化升级战略中的重要组成部分。"通过在纵向上搭建以客户为中心的前、中、后台组织架构，打破各种数据墙，提升效率，在横向上通过数字化方式为合作伙伴开放各方面的优势、经验和能力赋能，京东所要打造的数字化矩阵迅速成为社会关注焦点。同年 11 月 19 日，在京东全球科技探索者大会上，其更是明确阐述了企业"以零售为基础的技术与服务企业"的战略定位，这意味着数字化已然成为京东当前浓墨重彩的一笔。

从最初开创 B2C 电商业务，到进一步开放平台并实现数字化的场景构建，再到对合作商家的数字化赋能，京东集团在数字化升级方面取得了诸多成果。例如，随着数字化基础的不断夯实，在前端推出营销 360 平台等工具，在后端通过反向定制拉动产品研发与生产，同时还提供一体化供应链方案，在线下则有京东到家、京东新通路、7FRESH 等项目，进一步提高客户体验和履约效率。京东的数字化实践在助力自身竞争优势的同时，是如何实现从自营到平台、从线上到线下、由内到外的全面赋能和效率提升呢？作为国内最有代表性的自营式电商，京东的数字化零售创新又有哪些独特之处呢？

1. 背景

京东从 2004 年开始正式涉足电商领域，目前的业务已拓展到包括零售、物流、云计算、技术服务、健康、AI 等众多领域的海内外市场，核心业务为零售、数字科技、物流、技术服务四大板块。

2008 年，京东正式完成 3C 产品的全线搭建；2010 年，京东向综合型网络零售商转型；2014 年，京东在美国纳斯达克证券交易所正式挂牌上市，成为中国第一个成功赴美上市的大型综合型电商平台。2019 年，京东集团市场交易额达 2 万多亿元，净收入达 5 769 亿元。从成立开始，京东作为自营式电商就高度重视技术投入，2019 年研发投入达 179 亿元，京东零售的技术研发人员数量占员工总数的 1/3 以上。2019 年 8 月，京东入选科技部国家人工智能开放创新平台名单，成为推进智能供应链国家战略发展的典型企业。

最初，为了配合自营式电商的发展需求并建立独特的竞争优势，自建物流成为京东最核心的战略之一。早在 2010 年 3 月，京东就依靠其自有物流体系推出"211 限时达"极速配送服务，2012 年 11 月正式开放物流服务系统平台，2013 年 5 月推出"夜间配""极速达"等服务，2017 年 4 月成立了京东物流子集团。可以说，京东的快速成长与其物流战略有不可分割的关系。

随着近年数字经济时代的到来，作为时代发展中的"弄潮儿"，京东早早敏锐捕捉到了全面数字化升级的重要性和迫切性。借助互联网企业的先天优势，数字化逐渐成为京东的核心战略。伴随数字化业务的升级和向线上线下场景的拓展，用"电商"显然已不足以准确描述当前的京东。2019 年，拥有 3 亿多活跃用户的京东商城正式升级为京东零售集团。

2. 京东数字化升级的开启

2.1 从自建物流到数字化升级

京东是最早自建物流体系的电子商务公司之一。当时一方面存在外包物流难以保障服务质量等弊端，另一方面考虑到自身自营式电商的性质，仓储配送等物流能力在经营中更为重要，因此为了优化消费体验、抢占电商市场，京东在 2007 年年营业收入还不足 5 亿元时就不惜"砸"下血本，自建物流体系，并于 2012 年注册物流公司，成为彼时京东资源投入的重点板块。①

自建物流为京东快速成长立下了汗马功劳，然而随着时间推移，依靠原有的物流体系已难以获得足够的新的竞争空间。大量重资产投资的成本和风险显而易见，"尾大不掉"甚至一度成为外界对于京东物流战略的质疑，也成为京东的"心头之患"。

具体而言，一方面，最初为了优先保证自营产品的配送，京东物流采取了只送货不接单的单向物流体系，其背后是难以解决的成本居高不下、自主盈利困难、物流连续亏损等问题。另一方面，数字经济的发展不断冲击着京东物流的竞争力，例如，快递公司开始纷纷利用数据资源和算法规划优化配送，社会总体物流效率不断提升；同时，诸如菜鸟速

---

① 京东运营超 700 个仓库，25 座"亚洲一号"智能化物流中心，仓储总面积达到 1 690 万平方米；其自营订单中 90％以上可在 24 小时内送达，90％的区县可实现 24 小时送达。

递这些通过后台实时监控和预测、提前备货的新形式物流企业的兴起，也极大降低了物流成本、提高了配送速度。

在不断增多的挑战之中，京东敏锐把握到了其中的机会，即数字化升级所带来的降本增效的庞大发展空间。作为一家自营式电商企业，京东在信息技术的投资上始终没有落下，甚至已然形成其他传统企业难以比拟的先天优势。随着品类、规模的扩大，数字技术展现出其在解决供应链协调、商品采购经销等诸多效率难题方面的强大实力。

由此，京东的深度数字化升级全面展开，其实践过程主要包括：

（1）构建大数据基础设施和数字化算法等，以建立数字化升级的基础算力，如具有数据采集和预处理、流量数据采集、任务管理和调度、资源监控和运维等技术维度的京东大数据平台等。此时关键在于前期资金、研发等资源投入。作为互联网企业，京东有明显优势。

（2）将数字化能力应用到具体的业务场景，最终实现全链路数字化效率的提升，如将京东商智、智能营销、数据管家、"祖冲之"等数据产品应用于销售预测与库存管理、选品与定价、生产与物流等供应链各业务环节。对京东而言，该阶段面临的最大难题在于如何将技术逻辑与供应链业务逻辑高度匹配在一起。

（3）构建数字化生态，如通过京东开普勒与商家共享京东的大数据及物流、商品、云服务等优势资源，通过京东到家、零售新通路等推进与头部商超、社区小店等多主体的赋能合作。此时，如何在理解各方需求的同时构建起以京东为核心的合作共生的商业生态成为京东面临的首要问题。

2.2 识"人"：数字化升级的起点及关键

谈及当前的零售数字化升级趋势，首要问题在于精准把握快速变化的消费者。自营业务为京东积累了大量全维度消费数据和用户基础，同时，为适应"不断有新的客户资源和流量是互联网经济的基本要求"，在自营业务之外，京东还推进平台开放和全品类扩充等业务实践，这些都进一步为京东补充了更多消费数据。

然而京东自身积累的数据大都围绕购物行为这一维度，在应对更为精细化的需求分析等要求上有所不足。为此，京东开始思考如何进一步获得更多维度的数据。考虑到近年来移动端用户的高速增长，京东将目光转向了与其他大型流量平台的合作。

2014年，京东与腾讯达成5年战略合作，腾讯为京东在微信及QQ等主要社交平台上提供一级购物入口，以形成流量支持，2019年两家企业又续签3年合同。刘强东曾公开表示："到目前为止，在所有新获取的顾客中，微信给我们带来的新增顾客数达到了全部新客户数的1/4。我们在努力将人们的社交活动与网络购物结合起来，形成一种购物的循环。"[①] 2015年两家企业推出的"京腾计划"则是致力于将京东的购物数据、腾讯的社交数据及品牌商的自有数据"三者合一"，同样也是企业开展数据合作的体现。

随后，京东还推出与提供阅读资讯场景个性化数据的今日头条合作的"京条计划"，与百度搜索大数据体系合作的"京度计划"，还有与奇虎360合作的"京虎计划"、与网易合作的"京易计划"、与搜狐合作的"京狐计划"、与新浪合作的"京浪计划"等一系列"京 X 计划"。这些合作极大丰富了京东所拥有的全域消费数据。在此基础上，其后推出的能为消费者提供针对性营销场景和精准投放广告的"无界营销""营销360平台"等则可以说是进一步在具体零售场景中发挥了这些数据的价值。

---

① 2018年刘强东接受《财富》杂志执行总编 Adam Lashinsky 访谈时提及。可参见《刘强东：微信给京东带来 1/4 新增用户》，https://36kr.com/p/5143913。

3. 全链路数字化升级：打造"数字经济"新引擎

3.1 由"人"到"货"：供应链视角的数字化能力

"识人"是零售数字化升级的起点和关键，但绝非问题的全部。京东也意识到，要挖掘数字化的价值，仅停留于此是远远不够的，多年自营经验提示京东，供应链才是发展的根基。"当你感知到需求的同时还要响应需求，"京东全球供应链创新中心运营负责人卫海星解释道，"就像知道了消费者想要喝杯水，但水从何而来，就在于供应链的承载和分析能力。要实现供和需之间的最佳匹配和整个中间过程的优化。"为此，"需要两大支柱，既要有硬件让你有能力去装载这些货物，装载这些'供'、装载这些'需'，又要有帮助它们匹配得更好的软件。"

业务体量的扩张使京东面临的供应链难题日益凸显。卫海星说："我们承载的业务量比较复杂，比如说像今天，我们的供应链基本上要管理 400 多万种商品，平均下来库存金额是数百亿元，分布在 500 多个仓库点，哪怕一个商品有 1 万元钱库存，加在一起也十分不得了。"自营业务为京东沉淀了供应链关系和协调基础，由此供应链"软件"问题就变得异常重要。

对此，最初同大多数新创互联网企业一样，京东也采用一些标准化软件，但这些软件逐渐适应不了体量扩张的要求，企业开始慢慢转向自主开发并逐步对供应链各环节进行数字化升级。具体而言，利用用户画像数据，为自营商品及平台第三方商家的前端商品采销开发如赛马系统、数据管家、北斗云等一系列工具，近两年来最能集中体现京东供应链数字化能力的成果，不能不提及"非现货履约"与"反向定制"。

非现货履约是京东从 2018 年双十一开始，依靠"内部系统的数字化能力全面升级，从生产到销售的每一节点都依托系统进行把控的能力"所进行的尝试。长期以来，零售商所售卖的商品都是已经生产上架后的现货产品，这限制了供应商和京东的成品库存和周转速度，数字化技术的应用启发了京东新的思考。"随着供应链整个过程数字化之后，我们发现我们可以走得更前，这就是非现货"，卫海星总结道。简单来说，非现货履约指消费者可以在京东网站上下单非现货商品，并清晰知道收到商品的时间。

这一模式的核心在于将上游供应商的物资需求计划（material requirement planning，MRP）与京东的分销资源计划（distribution requirement planning，DRP）系统深度打通。上游供应商以此了解京东的采购计划和商品需求信息，并在 IT 系统和智能算法支持下根据曝光次数、点击率、加购率、收藏率等指标精准预测市场情况，协调生产计划。京东也能确定采购提前期并规划商品的最优配送。除了自营商品以外，非现货履约同样适用于入驻京东的品牌商家，关键在于信息系统的打通，亦即"必须要实现整个过程可视化，系统可见到可卖，才能够走得更远。要结合供应链两端的感知能力和控制能力来升级"。

从消费者到生产者（customer to manufacturer，C2M）反向定制模式则是京东为适应消费主权时代所推出的针对厂家新品开发与上市的系统化解决方案，其基本逻辑为"工作五步法"（见图 1）。

具体来说，其基本组成包括：第一，需求报告，即基于京东的大数据挖掘需求痛点和个性化特征，生成需求报告；第二，仿真试投，推出新品仿真测试平台，通过调查问卷、试用品投放等功能收集反馈并持续优化；第三，厂商研产，厂商据此匹配生产资源、组织生产；第四，京

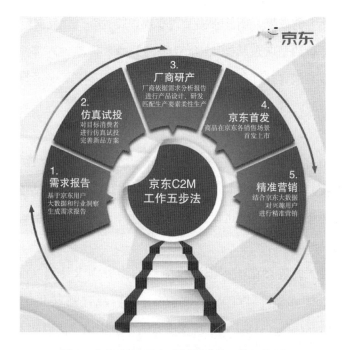

图1 京东 C2M 反向定制模式的工作五步法

资料来源：按需定制爆品只需五步 京东反向定制工作法首度曝光．（2019－05－17）．搜狐．https://www.sohu.com/a/314661476_99967243.

东首发，在京东各消费场景首发上市；第五，精准营销，结合京东的海量营销数据和众多营销场景，识别兴趣用户，准确触达。

目前来看，C2M 反向定制模式的成果十分明显。以 2018 年京东联合各大家电品牌商推出的反向定制产品"京品家电"为例，其在当年双十二当天就占到京东家电整体销售额的近 10%；与宝洁共同开发设计的海飞丝无硅油小绿瓶产品，则是在消费需求分析的基础上，锁定植物成分、天然无添加、无硅油的特点推出的产品，上市四个月销售过千万瓶。

除此之外，物流配送亦是供应链主要活动之一。目前京东拥有中小件、大件、冷链、B2B、跨境、众包六大物流网络。智慧平台、数字化运营、智能化作业所形成的数字化物流运营体系，是京东自营商品 24 小时履约率达到 90％的核心"制胜法宝"。① 在诸如财务金融等供应链辅助环节上，京东推出了消费端基于大数据风险评级的京东白条和供应端的保理池融资产品"京保贝"、小额贷款业务"京小贷"等数字化金融产品，共同支撑数字化供应链的整体效率提升。

3.2　基于数字化供应链的自有品牌探索

作为终端分销的平台商城，如何基于拥有的庞大流量支持等优势，提升在供应链中的主动权和利润，这始终是京东不能忽视的问题。为此京东开始慢慢探索自有品牌战略。事实上，早在 2015 年京东独立运作的五大自有品牌就受到当时市场的关注，但当时一方面京东并未给出较为明显的资源倾斜，另一方面更加复杂和更高要求的需求洞察、产品开发、供应链协作和产品营销等现实难题接连不断，因此自有品牌的初次探索并未激起太大水花。

随着近年来零售市场的竞争日益激烈，如何争夺消费者的关注和忠诚成为摆在企业面前的现实问题，许多企业纷纷将目光转向利润空间更高的自有品牌。对此，负责为京东自有品牌长期发展提供投资分析的张明臣认为，"首先自有品牌的盈利空间更大，而且关系到整个供应链的问题。对于现在的电商平台而言，如果我们想要客户黏性高，那么除了前台的营销模式（创新）之外，从后端来讲，实际上就是供应链的'抢夺'，要得到好的产品和品牌。"

考虑到供应链数字化能力的整体升级，京东决定对自有品牌展开再

---

① 关于京东物流数字化运营体系的更多资料可参考《罗戈研究院 & 京东物流：2018 数字化供应链综合研究报告》。

度冲击。2018 年 1 月京东上线自有品牌"京造"（如图 2 所示），同年 8 月又集中公开亮相八享时、初然之爱、Hommy、佳佰、INTERIGHT、LATIT、京选、京觅、京造等自有品牌，涉及食品、母婴、家居、日百、服饰、箱包、家电和生鲜等品类。

图 2　京东自有品牌"京造"上线发布

相比以往，现在京东的自有品牌更加体现了是数字化的缩影。首先，在产品设计和品牌开发上，京东利用大数据网络优势进行市场洞察。"大的来说是行业的趋势和状态，小的来说是分析消费者的喜好和痛点，甚至我们会把消费者以往在同类或相似商品的差评数据都调取出来，围绕出现最多的关键词进行开发。"

其次，依托长期自营合作的核心品牌商、供应商，京东在严格挑选优质供应商上有更大优势。供应商会将自身的供应链和生产资源分享给京东，京东则帮助其补齐线上场景和流量，并进行大数据赋能；同时通过共享数据、对接信息系统、开放智能化商业软件的使用等方式，实现双方更高水平的协作。

对于开发的新产品，京东自有品牌还会在事先建造的试用池子里让核心用户试用和反馈，或进行销售模拟，经过多次修改才真正推向市场，并持续对真实销售数据、用户反馈、质量返修数据等进行分析，实时跟进产品情况，及时调整，完整把控。

现在的京东对于自有品牌探索更有自信，对此，张明臣认为"虽然目前自有品牌在京东的销售占比看起来还不高，但一定是未来的发展战略重点之一"。自有品牌的真正故事才刚刚开始，未来将如何持续发挥其独特的价值贡献，还有待京东更多的智慧探索。

4. 从线上到线下：数字化的落地

在线上数字化能力不断提升后，摆在京东面前的下一个问题自然是向线下延伸。由于实体零售依然占据大量市场，且线上零售面临消费体验不够、不能满足顾客即时性需求等缺陷，因此数字化落地开始成为京东完善数字化生态布局的关键一环。

4.1 京东到家：本地即时零售平台与传统零售赋能

在 B2C 模式之外，如何布局从线上到线下的 O2O 模式曾是困扰京东的一大问题。尤其是电商很难高效覆盖的生鲜品类，该品类有重要的流量价值，但其产品特点始终限制着京东在该品类上的拓展。为了突破这一困境，京东在花费了诸多资金和精力仔细调研后，将目光瞄准了头部商超等传统实体零售企业。

2015 年京东推出全新 O2O 生活服务平台，永辉、沃尔玛、华润等企业先后入驻京东到家。之所以选中头部商超，主要原因在于京东自身拥有比较明显的数字化优势、线上流量资源和物流管理优势等，而线下大中型实体零售企业则拥有明显的门店和品类优势，借由库存可视化、订单数据共享等手段打造的"线上下单、线下配送"的到家模式可将线上线下合二为一。经由多年的发展，目前京东到家已能提供超市到家、外卖到家、品质生活、上门服务和健康到家等多类服务，业务覆盖范围已超过 700 个区县市，合作门店近 10 万个，服务消费者达到数千万人。

在这一过程中，特别是京东到家发展的早期，这一模式面临着产品配送上的高昂成本和难以保证稳定的配送能力等突出问题，因此，订单难以盈利，这成为当时的瓶颈。与社会化众包物流合作是京东对此开出的"药方"。考虑到在此方面京东缺乏一定的经验和能力，因此京东决定与同城即时配送服务平台——达达合作以实现优势互补。2016 年 4 月京东到家与达达合并为达达-京东到家。这一举措极大缓解了即时配送订单频繁波动带来的巨大压力。

随之而来的问题是，简单的"到家"业务毕竟价值有限，而且该业务受制于实体门店自身经营能力的高低。长期自营所形成的对零售业务的深刻理解使京东在与传统零售企业合作的过程中，迅速捕捉到实体零售商在数字化转型能力不足上的困境。这使京东意识到，围绕传统零售企业经营打造一体化数字化解决方案将能带来极大的产业和社会价值。于是在 2017 年 4 月，京东到家发布了"零售赋能"新战略。

京东到家的零售赋能战略主要包括五个方面：

第一，流量赋能。京东到家拥有超过 7 400 万的 App 注册用户，而且能与京东搜索打通，直达京东到家商家门店，从而为商家引入大量流量。

第二，履约赋能。京东到家可以在拣货方面利用智能算法和系统自动调整拣货策略，实现拣货可视化和数字化管理，提供拣货助手 App

（实现多渠道订单集中履约）和仓储管理系统（warehouse management system，WSM）等效率工具，在物流方面则能提供高效即时配送、系统智能派单及路径优化等服务。

第三，用户赋能。京东到家可以通过用户到家大数据提供用户标签系统，利用盘古系统提供营销解决方案，利用"会员通"用户成长管理工具帮助提升入店用户数和用户活跃度，从而优化合作商家用户洞察、用户运营、用户成长能力。

第四，商品赋能。京东到家不仅能够依托平台全域大数据进行智能选品，为商家提供选品建议和商品销售组合，而且能通过库存实时监控和商品评估管理系统，提供门店缺货和商品汰换管理等赋能服务。

第五，门店赋能。主要通过提供收银动线设计、自助收银和"轻松购"的手机终端结算方式等赋能服务，节省门店人力、提升顾客体验。

目前来看，短短几年内，京东到家成长迅速。随着盒马鲜生、每日优鲜、叮咚买菜等到家模式参与者越来越多，如何保住市场竞争优势成为京东到家不得不回答的问题。

4.2 京东新通路的社区新零售

在向线下渠道延伸的过程中，除了头部商超之外，大量的中小零售门店亦是零售渠道的重要主体，尤其是在三线城市及以下，中小零售门店构成了绝大多数消费场景，因此，渠道下沉成为当时京东议程上的重要事项。与此同时，随着竞争大型零售商合作资源日趋激烈，市场主要玩家也纷纷将目标锁定在"零售小店"这一巨大的蛋糕上，京东亦不例外。2015 年 12 月 16 日成立的新通路事业部就是为了实施相关战略，经过多年发展，其已成为京东"无界零售"蓝图中不可或缺的一部分，其主要发展历程见图 3。

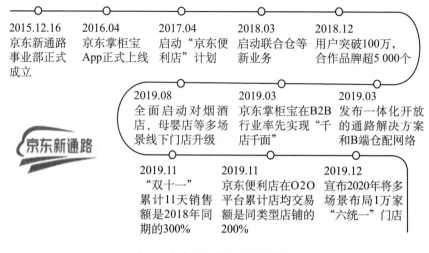

图 3　京东新通路主要发展历程

资料来源：根据京东新通路官方公众号京喜通推文"全渠道供货多场景布局，京东新通路宣布 2020 年新增 1 万家'六统一'门店"，结合一手调研信息绘制。

　　最开始，京东新通路主要瞄准"夫妻店"这一传统零售业态。一方面"夫妻店"所覆盖的市场是大型自营式电商难以渗透的部分，而且由于"关系经济"等影响因素的存在，京东已有的模式很难与其竞争。另一方面，随着生活水平的提高，当地的消费者有现有体系难以满足的商品需求，尤其是在获得优质、稳定的供货资源上问题重重，已有的渠道通路成本高、效率低。因此，京东新通路最开始的目标是利用京东的物流和供应链等能力，主要为这些小店供应货品。京东于 2016 年 4 月推出了 B2B 订货平台"京东掌柜宝 App"。当时不少评论将其理解为"大经销商"的供货模式。

　　然而，只关注解决以"货"为核心的问题逐渐显现出一定限制，对企业来说，变革似乎也较为有限，这些做法不仅容易受到已有分销体系和经销商的抵制，而且在某些情况下相比传统经销模式，京东提供的服务甚至没有优势。比如，当时京东新通路普遍采取的模式是厂商将货供给京东，进入京东中央仓，小店在掌柜宝上订货后，京东利用物流体系将商品从中央仓配送至小店。由于某些商品品类的传统经销商更加靠近这些小店，因此在产品配送的成本、体验和速度上反而比京东新通路更具优势。

这些现实障碍推动京东不断思考。前期的实践探索使京东逐渐意识到，零售小店的痛点事实上是多方痛点的集合。小店本身不仅在"货"上有需求，而且在整体经营能力、店面运营效率上缺乏经验并难以适应当前的发展要求；同时，上游的品牌商或中小经销商、批发商面临着诸如部分区域线下力量薄弱、渠道难以下沉、新业务拓展困难、对下游分销体系控制和管理效率低下等诸多问题。这使京东坚信，在技术改造和支撑下，与原有体系进行合作、共创价值，"解决老痛点，而不增加新痛点"才是真正的解决方案。

为此，京东新通路采取了一系列举措。最为典型的就是 2018 年京东新通路正式推出的联合仓配体系，该体系的基本逻辑见图 4。

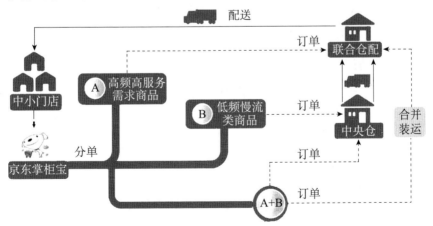

图 4　京东新通路的联合仓配体系

资料来源：全面升级通路效率 京东新通路正式推出联合仓配体系．（2018－03－21）．美通社网站．

大致来说，这一联合仓配体系将中小经销商、品牌商、批发商现有的仓配资源接入京东新通路线上平台，从而整合起来建立联合仓，共同为周边 3～5 公里范围内的零售小店配货，对不同品类的商品采用最合适的配送方案，保证配货速度和成本，也为参与者形成新的获利空间。2017 年 4 月启动的京东便利店计划，意味着京东新通路真正走向全面输出京东的品牌、运营和数字化能力，实现多方协调演进的新阶段。

在发展过程中，京东新通路逐步推出了让品牌商能够识别全链路产品流向的慧眼大数据系统、让终端资源有效投放的"行者动销平台"，以及让门店更好管理的智能门店管理系统。现在的京东新通路已经在投放、分销、到店、到家等多个环节打通了完整 B2B2C 数据链条，从而可以在需求端帮助实现分区域和分场景需求的差异化商品策略，甚至可以通过反向定制引入更多符合周围个性化需求的高性价比产品。

一方面，门店店主可以在京东掌柜宝 App 上获取品类齐全的精选货源，甚至接入京东优质的自营供应商网络，并获得精准分销方案，通过智能门店管理系统实现数字化管货、管钱、管顾客。例如，可以通过手机 App 自助订货、管理单品和收银结账，可以通过报表系统精确记录和分析财务状况，可以通过营销管理模块灵活设置营销方案等。另一方面，品牌商和批发商则可通过慧眼大数据系统提供的供应链洞察、终端门店洞察、营销投放分析、品类行情掌握等诸多功能，实现供应链全程透明可控。

随后，京东新通路又先后推出了如地勤管理系统、门店标签系统、京东便利 GO 小程序等一系列数字产品，使数字化赋能支持日益精细化。2019 年，京东新通路联合仓数量已超过 4 000 家，其中 64％覆盖了三线及以下市场，其公布的数据显示，京东便利店在 O2O 平台累计店均交易额为同类店铺的 200%。2019 年，京东新通路更是全面启动了对烟酒店、母婴店、餐饮店等多场景线下门店的升级。相比于以往的松散合作模式，新布局更强调对门店履约能力和品质等标准的强化，全面优化门店形象标识、门店管控、设施配置、服务标准、商品采购、物流配送的"六统一"，这既体现了京东更大的"野心"，又表现出京东在赋能"小店新零售"上的更强能力和对精细化服务的更高要求。

4.3 京东 7FRESH：全面数字化的超市业态创新

除了商家合作、门店赋能之外，京东也在考虑打造自己的线下智慧门店。京东 7FRESH 就是为此做出的新尝试。作为京东旗下的线下生鲜食品超市，7FRESH 首家门店——亦庄大族广场店于 2018 年 1 月正式开业，目前已于北京、河北、天津、陕西、广东和四川等地开设多家门店。可以说，从诞生开始，7FRESH 就与数字化能力、智慧化体验、供应链高效协同、全渠道零售解决方案等前沿理念紧密相关。在"2019 数字化转型与创新评选"中，京东 7FRESH 凭借其突出的数字化升级实践荣获了"中国数字化创新典范奖"。

作为线下零售超市，京东 7FRESH 不仅沿袭了线上自营式电商的经验和优势，而且融合了线下店面的服务体验能力，以更好地"识人、知货、建场"重新界定了零售"人、货、场"逻辑。

在"识人"上，京东 7FRESH 通过线上和线下交易数据的交叉比对，利用门店智能设备捕捉消费者购物行为和动向，并在相应的独立 App 上导入流量和分析数据，为打造千人千面的个性化营销打下基础。

在"知货"上，京东 7FRESH 的关键业务之一是基于大数据的选品活动，以及包括库存预测与管理优化、自动化采购与智能补货、供应链多级节点数字画像、供应链网络仿真、数字化物流配送与冷链技术等在内的智慧供应链搭建。

在"建场"上，京东7FRESH则主要通过周围消费者订单数据、人群画像的聚合分析优化店面选址，同时，通过如门店热力图分析、智能结算手段、智能购物车、自动扫描感应二维码显示商品产地、溯源等详细信息的"魔镜"系统等数字化应用提升门店管理效率和购物体验，见图5。

图5 7FRESH门店及店内的"魔镜"系统

与线上模式相似，除了自营商品以外，京东7FRESH店内还有入驻的合作品牌，京东同样会对其提供赋能支持。例如京东7FRESH与广东传统老字号广州酒家合作利用大数据挖掘年轻群体的消费需求、研发产品、线上引流、联合推广及营销合作。

京东7FRESH还不断尝试新的业态模式，比如为写字楼白领提供多元化、一体式生活解决方案的京东"七范儿"，为满足社区家庭从厨房到餐桌的饮食需求的美食生鲜社区超市"七鲜生活"。这些创新实践究竟效果如何还需要更长时间检验。

5. 未来

"无界零售"是京东对零售业未来发展的判断，也是其规划的零售蓝图。刘强东将"无界零售"概括为"场景无限、货物无边、人企无间"。多年来依托于数字化升级，京东正从传统 B2C 自营式电商不断朝着该目标前进，逐步形成了包括自营商品、平台商家、供应商、服务商等诸多主体在内，涉及线上线下充分融合的数字化生态。

对于京东大数据赋能和数据结构的突出特征，京东认为"我们全面、完整的 B2C 自营业务和全链路的数据，是与许多企业最大的区别之一"。显然自营特征在京东运营和数字化升级中起着独特作用。

抗击新冠疫情期间，这一优势在数字化技术支持下体现出广受瞩目的"京东速度"。由于拥有自有库存，京东得以快速调配各种应急资源并通过自营物流运往需要的地方，如 2020 年 1 月 24 日京东宣布紧急从全国各地调货，分批驰援武汉 100 万个医用口罩，从武汉本地仓库就近捐赠 6 万件药品和医疗物资，并于当日出库首批物资。京东利用长期与供应商的密切合作关系和智能供应链的信息同步、快速调配，极大保证了疫情相关物资的供应。相比于纯粹平台型电商，自营特征还能为京东的数字化布局带来哪些独特价值是京东始终在思考的问题。

然而，在迈向"无界零售"的过程中仍有许多现实问题，关键在于已有的创新模式如何持续改进，以及未来去往何方。比如在融合线下消费场景的过程中，随着越来越多的电商平台、其他市场参与者和资本纷纷加入"战场"，京东要如何面对日趋激烈的竞争挑战。此外，自 2020 年以来，受到整体经济波动和疫情冲击的影响，京东的发展也不可避免地面临着诸多挑战。

尽管如此，近两三年来，京东创新变革的步伐始终没有停下。例如，在跨境业务方面，它不仅依托供应链优势，积极推进线上线下共同"开花"的免税业务、国家馆电商项目和官网同购等诸多创新业务，更依托物流基础，尤其是智能物流系统大力布局国际物流业务。此外，诸如京东 MALL、京东新百货等在线下的落地及铺开，京东国际进口综合馆、7FRESH 与无印良品联手打造的中国首家生鲜复合店等特色门店的推出，体现出京东在布局全渠道、全场景商业模式上做出了更多探索。在技术方面，供应链超级自动化技术的落地、基于数智供应链的"产业AI"的打造、言犀人工智能应用平台的推出、"产业元宇宙"的布局等，均是京东在数字化、智能化上迈出重要步伐的缩影。

未来，京东的数字化布局如何有序、有重点地发展，如何继续把大量的品牌商、零售企业、生产供应商、服务商等纳入持续进化的数字化生态中，以适应数字经济时代的发展趋势和效率要求，让我们拭目以待。

多点：

赋能实体零售的全渠道零售领导者[①]

石明明　赵晓露　刘向东

多点是一家以技术驱动、聚焦于生鲜快消行业的产业互联网叠加消费互联网的数字化零售公司。自 2015 年成立以来，多点依托物美在实体零售行业经营的多年经验，开创了互联网和传统零售业的深度融合，不断探索打通科技创新与便民服务的发展通道，以数字化赋能传统零售业并实现线上线下融合的全渠道变革。本案例以多点发展历程的重要决策和节点性事件为主线，描述了多点团队在面对国内零售市场不确定性、实体零售转型压力增大等多重难题下，如何化困难为机遇，凭借深耕行业的零售经验、创新性思维、对零售本质的理解，依托大数据人工智能技术，积极开发系统赋能实体零售、促进线上线下一体化融合、探索消费新模式的历程。

---

① 本案例由中国人民大学商学院石明明、赵晓露、刘向东撰写，应企业保密的要求，对有关名称、数据等做了必要的掩饰性处理。本案例只供课堂讨论之用，并无意暗示或说明某种管理行为是否有效。

2020 年 12 月，聚光灯下，物美集团创始人、多点董事长张文中在第十九届中国企业领袖年会上讲道，"实体零售业要实现全面数字化，回归商业本质，提供更好的商品和服务。"为应对互联网平台的快速发展给实体经济带来的冲击，多点应运而生。多点已经合作了 120 多个零售企业，服务用户多达 1.5 亿人。张文中脑海中回想起这几年来多点探索数字零售的曲折历程，眼神中充满了因取得成果而产生的喜悦与对未来继续坚持的信心。

1. 多点——驰骋在实体零售业数字化转型中的独角兽

2015 年成立的多点新鲜（北京）电子商务有限公司（简称"多点"），是全球领先的数字零售解决方案提供商，致力于以数字化的手段推动中国商业流通现代化进程，实现线上线下一体化，提高商超效率，改善消费者体验。具体业务可概括为"1 套系统、2 大原则、3 个场景"。"1 套系统"是指多点自主建立起帮助零售业数字化转型的中台操作系统 Dmall OS，具体包括 15 大系统、800 多个子系统，为满足用户、商品和供应链需求全面提供零售联合云服务。"2 大原则"是指助力 B 端和服务 C 端。助力 B 端是指通过全面数字化系统赋能 B 端以推动降低成本、提升品质和增强效率；助力 C 端是指为广大 C 端消费者提供全渠道服务，激发消费者需求及优化购物体验。"3 个场景"是指为消费者提供三种全渠道模式：消费者在门店自助购物、商品配送到家、商品配送到社区。

多点依托其在实体零售行业多年经验，通过深度融合互联网和传统零售业，不断探索打通科技创新与便民服务的发展通道，以数字化赋能连锁商超、实现全渠道改革进程。2017 年多点走出物美体系，随后其数字平台赋能模式成熟并快速复制，与全国各区域龙头商超的合作迅速铺开。目前，多点已与120多家连锁商超进行合作，门店遍布全国32个省市，业务覆盖中国、新加坡、柬埔寨等国家和地区的4 580家门店。

多点模式得到较多零售企业验证的同时，更是得到行业和政府等多方认可。多点入选中国商业联合会"2019年度中国零售百强"；2020年10月入选中国互联网百强企业。多点牵头完成的《连锁经营零售企业全渠道经营关键指标》（T/CCFAGS 021—2021）团体标准于2021年3月发布并实施。又参与起草了《智慧物流服务指南》国家标准、《便利店运营规范》行业标准、《零售数字化术语》团体标准等多项标准。2021年9月，多点成功入选商务部、市场监管总局两部门推动的"国家级服务业标准化试点"，通过试点推进数字零售国家标准建设，用数字化提升零售业标准化水平，促进行业提高效率，形成数字化转型的可复制推广经验。

2. 成长之路——在摸索中前行，在探寻中提升

2.1 寻找行业机会，决意走上转型路

国内实体零售业遭受挫折，数字技术带动传统行业转型，零售业特别是生鲜电商也面临转型的压力。在电商的冲击下，原本线下的客流被引至线上，网购到家的场景改变了消费者传统的购买途径。传统大型零售商由于数字化技能薄弱，缺乏电商平台的创新能力，又缺少能提升自己的运营手段，以往的经营方式不能满足消费者送货到家的需求，因此面临巨大的生存压力。不健全的后台系统以及门店运营模式，使得精细

化运营、降本增效、客户精准营销变得难以实现。

在技术与消费者的多方位需求的推动下，商超也面临着变革的压力。近年来，零售业出现了丰富的业态模式，社区便利店以及生鲜电商平台开始出现。在这样的背景下，商超面临诸多挑战。首先，传统的线下经营模式无法与新技术带来的业务量进行匹配，其次，传统商超模式无法满足到家场景，难以应对不断变化的消费者需求。

如此情势之下，张文中看到了其中蕴藏的巨大发展空间，在超大规模的中国生鲜快消品市场中生鲜快消品的到家渗透率却低于15％，具有巨大的增长潜力。面对这样的现状，平台就要以用户为中心，实现用户、商品、供应链、促销和价格以及支付的线上线下一体化。[①] 为此张文中决意把多点打造成生鲜快消品数字零售平台，拥抱互联网，决心致力于助力传统商超的数字化转型，为实体零售店进行数字化赋能。

2.2　首创分布式电商模式，搭建面向消费者的平台

2015年，张文中创立多点，成功融资1亿美元，打破当时国内最大的天使轮融资纪录。

张文中是学计算机专业出身。从斯坦福大学毕业后，张文中发现国内商贸流通领域没有一个完整的数字化发展渠道。凭借独到的企业家眼光，张文中认为基于互联网的分布式电商是一个不错的出路，他一直坚持着这份初心，在1994年成立了物美，致力于实现数字化零售的发展。

"未来的方向一定要有一个新的电商解决方案。基于我们物理的商

---

① 文雪梅，张勇．商业本质是用超乎期望的供给去创造需求．中华工商时报，2018 (11).

场，把线上线下的用户结合起来。"基于张文中和创始团队的初心，多
点走上为实体零售商赋能的道路。刚成立多点的时候，张文中是以 O2O
作为抓手开展本地零售业务的，在公司发展前期，多点更多关注面向消
费者的平台业务。通过零售商入驻、平台提供配送服务的方式，建立
"Dmall＋"模式。这种简单的模式只是增加了一个帮超市跑腿的渠道，
并没有解决传统零售在效率与服务上的问题，在导流方面也没有产生太
大的效果。多点配送分拣的员工数一度暴增，给配送服务带来了入不敷
出的难题。不论是平台自己配送还是采用众包配送都不能盈利，加上人
工成本的投入，多点每个月有将近 7 000 万元的亏损。① 为了吸引客户，
多点投入大量的资金用于消费者补贴，但消费者遇到更加优惠的平台立
即会移情别恋，这使得多点的客户留存率并没有提升。

因此，多点最初提出的简单模式并没有对传统零售业起到很好的赋
能作用，最后只能宣告失败。

2.3 探索面向实体零售商的服务模式，赋能前端业务的数字化

2016 年，传统实体零售业的转型热情被"新零售"的概念点燃。多
点 O2O 系统在使用过程中发现了越来越多实体零售商的实际需求，有
了 O2O 系统之后，实体零售商需要建立前置仓，那么前置仓以及线下
厂房的库存怎么分配？分拣流程怎么安排才能保证配送的履约时效？分
拣人员和配送人员数量的增多，怎么排班合适呢？库存变动太快，如何
能方便快捷地掌握库存动态？面对这些问题，仅仅实现面向消费者的平

---

① 刘旷．错失过良机的多点，如今还能获得多少青睐?．https://baijiahao.baidu.com/s?
id＝1612633029073201491&wfr＝spider&for＝pc．

台业务已经不够。由于实体零售商效率低、业务复杂等难题阻碍着自身发展，多点为此开始探索面向 B 端的服务模式。

多点技术部门顶着巨大的压力默默深耕、埋头苦干，克服了种种难题，对各个板块进行迭代，一个模块一个模块实现，使物美在使用系统之后的 O2O 业务能顺利进行。随着管理需求的不断丰富，多点发现了新的努力方向。张文中凭借多点在传统零售行业打拼的丰富经验，对业务进行了一系列调整。基于技术应用的成功经验，多点重新定位自己的发展战略，大量引入技术人员对技术系统进行迭代。

有别于最初提供平台配送的跑腿服务，如今的多点将自己定位为一个服务平台，一方面可以通过互联网技术对传统零售商进行改造升级，提升管理效率；另一方面通过帮助传统零售商建立电商平台，提供完整的电商服务能力。

多点对实体零售商的赋能从前端开始，张文中不断探索创新，为了让用户在大型超市享受不用排队的优质购物体验，不断改造多点自由购和秒付的智能购系统，使购物体验更加贴近消费者的需求，吸引了大量消费者下载并注册使用多点 App。实现不排队的同时，将智能购作为整个商家全面数字化的一个起点，是会员数字化—商品数字化—供应链数字化—人员管理数字化的一个优质的流量入口。

多点系统不断在实际的场景中进行迭代、更新和扩展，渐渐使得零售商超数字化转型方法论变得成熟，最终形成了涵盖零售业从商品选择、供应商引入、供应链管理、门店经营、用户精准营销的整个产业链，通过对零售全链条场景的重塑和改造，形成了线上线下全渠道、全场景、人事物在线的商业 SaaS 解决方案，即 Dmall OS 系统。多点的数字化运营以及线上线下一体化的效果在物美作用明显。物美超市北京联想桥店经过多点数字化赋能后，从以往的北京地区亏损前三名上升至门店业绩前列。Dmall OS 系统的优势充分被验证。

然而多点面对的形势仍然严峻。由于多点是以商超为切入点，它面临场景复杂、门店 SKU 过多的挑战，又因传统商超自身存在的生存危机，多点的发展也受到一定的影响。同时，因提供转型方案的第三方企业会随着市场的扩大而增加，面对同行业的其他竞争对手，多点极有可能被挤掉。再者，微信小程序在一定程度上缓解了传统商超线上线下业务分离的问题。小程序具有便捷、获客成本低廉等优势，对当时的多点系统也造成了一定的威胁。

在激烈的市场竞争当中，张文中意识到多点自身存在很多不足。

首先，多点虽然配备了自己的配送团队，但是与盒马鲜生 3 公里 30 分钟配送到家、超级物种最快半小时送达相比，其两小时送达的速度显得有些慢，并且商家需要支付营业额的 5% 给多点[①]，高昂的费用也阻挡了一部分零售商选择多点。

其次，多点开创出的自由购和秒付虽解决了排队时间长、结账效率低等问题，优化了顾客的购物体验，减少不必要的门店人员，但是这类技术的壁垒低，缺乏竞争优势。

面临巨大的挑战，张文中认为多点不仅要解决自身的不足，更要解决传统零售商的难题，才能获得更大的竞争优势，得到零售商的青睐。

2.4　牵手中百仓储，商业全面数字化初步显现

张文中不断总结多点存在的问题，通过实践不断地改善系统。他意识到仅仅从前端对实体零售商进行赋能并不能实现对实体零售商的改

---

① 刘旷. 错失过良机的多点，如今还能获得多少青睐?. https://baijiahao.baidu.com/s?id=1612633029073201491&wfr=spider&for=pc.

造，实体零售商运营管理、陈列仓储等问题也需要解决。2018 年以后，多点对商超的赋能开始涉及后端，如会员、营销、商品、供应链、物流端。Dmall OS 系统慢慢开始涉足生产系统、商品系统、采购和供应链系统及仓储系统。开始部署的 FDC 仓的模式，将履约配送端大幅升级，使得多点的配送速度达到最慢 1 小时，最快不到半小时，解决了自身物流不占优势的难题。多点还涉足小程序以进行双平台运营，它基于不同的场景和诉求全方位满足用户。在商品陈列方面，将所有货架进行棚割标准化管理，将陈列任务具体到每组货架的每个位置，这样拣货员根据自己收到的陈列图进行商品摆放，形成陈列核检的闭环管理。在仓储方面，门店内的智能摄像头、智能购物车等智能采集设备可以实时观测商品动向。补货系统通过对商品陈列（棚割）、销售（日均销量）、实际库存等信息进行分析，制定出按行程日进行连续补货的（库存管理）方案。升级之后的多点系统取得了良好的成绩。

紧接着多点系统走出北京、走出物美，开始与新百、中百等超市达成合作，将自身经验复制推广。2017 年张文中带着多点与中百仓储进行接触。中百负责人何飞对多点有非常不错的印象。有别于其他合作伙伴的松散，多点在门店安排的工作人员，能够实时对业务响应并增进与顾客的互动。多点与中百高层基本上每一两个月会进行一次业务对接。多点工作人员的响应能力、专业程度以及服务态度受到商超的广泛认可。

中百仓储提供的数据显示，多点可以为商超吸引新的年轻用户。多点会员平均年龄相较于中百仓储原有会员的平均年龄大约要年轻十岁左右。2017 年中百仓储选择与多点合作创新项目，包括一站式移动进货平台，如 Dmall OS、多点 Max 等，双方的各业务线都会进行深度对接。线上的社区团购、次日达等新的线上创新业务以及多点自有的个人专属二维码等相继应用到中百仓储，帮助中百仓储进行营销及团队管理。

多点系统将"数据到人"带给中百仓储。首先，库存盘点效率得到提升。传统超市以前都靠人工去检查异常库存，如今多点系统通过任务模式将库存情况推送给店员，极大地提高了效率。其次，商品补货方面多点系统可以实时同步物流信息到店长手机上，门店可提前根据系统显示的次日到货情况安排出卸货区、周转区，从而提高周转效率。数字化大大节约了中百的运营成本。多点系统可以推送给顾客电子化信息，大幅减少印刷纸质海报的成本。

2.5 数智化手段赋能全国各区域龙头商超，系统成熟并快速迭代

张文中意识到线上和线下零售一体化融合发展是主流趋势，要想实现超越发展，必须在人工智能、大数据和云计算的基础上实现对多点系统的创新。因此，他要求多点团队搭建了中台操作系统 Dmall OS，运用数智化技术连接和优化用户、商品、门店的各个环节，为零售业提供全面数字化的系统方案。Dmall OS 可进行本地化部署，也可以云端部署。企业可以先完成小规模接入并验证系统准确性，再分模块接入系统，逐步完成大规模的门店接入工作，打通或者更替原有 ERP 系统，这样可以避免系统影响门店本身业务。[①] Dmall OS 云端可以实现大约两周迭代一次的更新速度，而本地部署可以进行个性化开发。

多点系统不断成熟、升级，主要有商品分析系统、团购福利配系统、供应链新采销平台系统、会员美杜莎系统以及会员商圈分析系统。商品分析系统可以通过线上的专业团队的运营与系统数据支持，不断优

---

① 零售数字化的"第四条道路"，解读多点的道与术. https://www.163.com/dy/article/EVAL4BPC0519BUQ2.html.

化线上商品质量，不断提升商品的动销率。对全渠道数据进行分析，给予商家品类管理、采购有力支持，持续调整商品结构，改善商品服务率SL值。团购福利配系统能够变革传统团购业务模式，通过线上渠道操作丰富竞标手段，给团购用户多种选择、提升顾客体验。美杜莎系统可以形成用户画像、精准用户定位。会员商圈分析系统可以实现商圈洞察、商圈全景、会员落位、数据支持等。

多点 App 作为连接消费者和门店的平台，通过线上营销，将线上的思维套用到线下，成功实现线上线下流量互动的效果，解决了门店因受电商冲击，客流量下降的问题。

2.6 多点联盟生态初具规模，Mini OS 正式发布

2020 年 8 月，物美集团将思爱普（systems，applications and products in data processing，SAP）的 ERP 系统切换为 Dmall OS，一是实现了支付数字化，使结账效率提高 3～4 倍。二是实现了会员数字化，物美会员电子化已经达到 70%，使得对用户数据的深度挖掘和分析成为可能。例如，通过数据分析形成卖场热力图，物美可以更好地了解哪个区域货架和商品更受顾客喜爱，指导卖场优化动线。三是实现了营销数字化，实现促销信息的精准触达，智能化推荐带来 1 100 万元成交总额（gross merchandise volume，GMV）提升，加购转化率提升 18%。四是实现了运营数字化，Dmall OS 的手机工作台可以自动生成未完成的任务，并把任务分派给负责人。五是实现了商品数字化，2020 年物美线上销售同比增长 90%，线上售卖商品已达到 20% 左右。六是实现了供应链管理数字化，通过系统和数据的支持，将供应链各环节打通，推动整条供应链高效运转，使缺货率和存货周转天数分别下降 5% 和 40%。

张文中也在不断帮助多点探索其他商业场景，如社区、加油站，甚

至滑雪场。张文中希望通过数字化赋能的强大力量，不断优化用户体验。自 2019 年 7 月以来，"联盟"不断被多点关注。[①] 张文中希望多点能够通过联盟的方式建立并共享数字化的工具和平台，真正实现提高企业效率，改善用户体验的目的。

2019 年 10 月，物美、多点联合宣布物美达成收购麦德龙中国控股权并签订最终协议[②]，交易完成后，多点成了麦德龙中国的技术合作伙伴，助力后者的发展和数字化变革。到 2020 年底，麦德龙已经拥有 80 万名付费会员，会员销售量增加了 5%，购买频次提高了 40%。2019 年 8 月，物美与茅台集团达成合作，以 1 499 元的价格销售飞天茅台[③]。物美借助多点的数字化能力进行大数据分析，实现对黄牛的精准管控，并实时掌握商品流向，达到让消费者以最便捷的方式购买茅台酒的目的。2019 年 11 月，多点与中国建设银行合作，推出多点龙会员，创建 3 公里内消费、金融等元素为一体的生活服务圈。

2019 年 11 月 1 日，多点发布了为小型业态服务的 Mini OS，服务于如连锁便利店、生鲜店等小型零售业态。未来，多点 Mini OS 将与智能硬件包括多点智能 POS 等实现协同发展，覆盖包括商圈、社区、到家等商业场景，帮助百万家小型业态店实现数字化转型。

2.7 赋能线下零售企业全渠道转向，与商家达成供应链协同

张文中表示："'多点'要全面打通会员、商品、供应链、营销等上下游产业链，推动全渠道业务整合，赋能传统零售企业实现数据、场

---

① 吴佳馨. 走出 2019 "内外兼修"，多点 2020 还有哪些想象力. https://baijiahao. baidu. com/s?id=1655329203489797383&wfr=spider&for=pc.

② 陈岳峰. 麦德龙花落物美. 时代经贸. 2019（28）：95-96.

③ 吴佳馨. 走出 2019 "内外兼修"，多点 2020 还有哪些想象力. https://baijiahao. baidu. com/s?id=1655329203489797383&wfr=spider&for=pc.

景、交易、体验闭环。"他认为，多点关键要完成对传统零售商的数字化赋能，才能真正成为一个万亿级的大交易平台。首先多点要赢得零售商的信任。多点选取与物美服务业务没有重合的商超作为合作伙伴。证明其确实有能力帮助传统零售商改造升级并且使其获利，其次，多点要为商家提供定制化的专业服务，打造门店的差异性。再次，多点不仅仅是一个交易平台，更是一个技术供应商，能够对传统零售业进行技术升级和改造。最后，多点有必要对物流进行加强，提高配送的时效性并提升客户满意度。

多点为了助力实体零售商成功转型，需要通过整个底层技术的变革，重塑人、货、场之间的关系和连接，打通整个业务闭环，实现全渠道、端到端的数字化转型。为此，多点依托云原生，结合人工智能和大数据技术，自主研发、搭建适合零售全面数字化的操作系统 Dmall OS，通过数字化运营，全面重塑人、货、场，如图 1 所示。

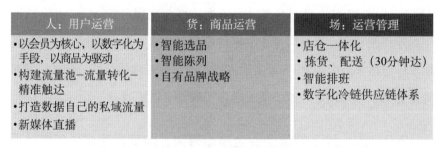

人：用户运营	货：商品运营	场：运营管理
• 以会员为核心，以数字化为手段，以商品为驱动 • 构建流量池-流量转化-精准触达 • 打造数据自己的私域流量 • 新媒体直播	• 智能选品 • 智能陈列 • 自有品牌战略	• 店仓一体化 • 拣货、配送（30分钟达） • 智能排班 • 数字化冷链供应链体系

图 1　Dmall OS 数字化运营重塑人、货、场

张文中凭借对行业的了解，认为零售业与技术相结合，搭建互联网平台是一个很不错的出路，于是不断对多点系统进行优化，如今形成了数智化解决方案。多点对实体零售企业赋能数字化工具，以数智化为手段，从线下实体零售企业的仓储供应链，到门店运营，乃至智能硬件、智能设备的技术应用，最后到基于大数据去做很多智能化的预测，为商超赋能，实现行业变革，对供应链整体有很明显的提效结果。帮助实体零售企业进行流程改造，达到标准化的目的。多点数智化系统 Dmall OS 从会员、门店、商品、供应链、品牌等多个方面实现数字化，可以完全替代之前所有在 ERP 运行的业务，还可以支持线上线下一体化新业务，Dmall OS 的核心优势如图 2 所示。

图 2　多点全渠道数字零售联合云 Dmall OS 的核心优势

2.7.1　数字化会员

Dmall OS 通过采集会员全渠道的行为数据，梳理会员数据指标体系，形成用户画像并持续迭代，精准服务会员。在多点的帮助下，麦德龙中国在数字化会员方面，实现分散的会员服务和使用场景的统一，用户在 App 上就可以完成积分兑换、会员权益查询、会员价商品购买等所有服务。上海 8 家麦德龙门店开展"PLUS＋Dmall"模式一个月后，多点 App 有 60% 的用户成为麦德龙的付费会员。到 2020 年底，麦德龙已经拥有 80 万付费会员，会员销售量增加了 5%，购买频次提高了 40%。

2.7.2　数字化门店

在数字化商品陈列方面，多点智能陈列系统通过"总部制图—门店执行—执行检核—数据分析"的一体化闭环解决方案，帮助商家将线下陈列业务在线化、数字化、智能化，提升有限货架空间的效率，辅助商家降低人力成本，提升经营业绩。

在门店数字化改造中，多点结合人工智能、物联网技术，将商超原有普通设备改造成智能设备，让资源改造后能够发挥更大的价值。目前，比较成熟的应用包括 AI 视觉生鲜秤、智能存包柜、智能锁购物车等，帮助门店节约近 50％的成本。其中。智能锁购物车、智能网关有效解决门店购物车回收困难、资产盘点耗时等问题，减少了门店约 30％的购物车数量，累计改造约 35 000 辆购物车，节约资产 1 400 万元。

2.7.3　智能补货

基于人工智能的自主补货系统可以实现从预测到补货的订单可视化，实现零供双方的协同作业。帮助零售企业感知市场需求，实现订单驱动。首先，用大数据保障预测的稳定性与准确性。多点系统能够预测将近 3 周的库存输出，并控制预测误差在 25％以内。其次，实现了紧密结合业务的智能补货。系统支持专家干预流程，综合算法预测与专家经验的优势，得到更高质量的补货决策。最后，系统会进行多维度订单汇总，保证同类订单高效聚合，减少订单数量，提升物流作业效率，实现数据共享的零供高效协同。多点自动补货系统已成功在物美全门店推广使用，存货周转率显著提高，补货人效大幅提升。30 人覆盖管理近千家门店，节约门店人力成本约 5 000 万元/年，使组织管理更加规范。清晰高效的补货流程降低了内部组织管理成本，总部和门店分工明确、高效协作。

2.7.4　数字化供应链

多点零售联合云可以实现零供双方的信息、资金、产品之间的协同作业。供应链协同是一个系统工程，与全渠道销售、品类管理、招商、陈列管理、补货协同、仓配一体、门店管理等多个环节直接相关。Dmall OS 通过购物信息、仓储信息，实现对下达订单、检验订单、订单收货、订单退货、改变价格、促销服务、结算订单等环节的管理，增进了采销部门、财务结算部门同上游供应商、下游客户之间的沟通交流，提高供应链透明度、安全性和信任度。多点会在数字化基础上，通过与供应链上下游合作伙伴互联数据，实现从零售商到供应商的资金流、产品流、信息流的打通，使整个供应链、价值链的全链路协同整合，建立一个完整的生态系统。零售商与供应商具体互动关系见图3。

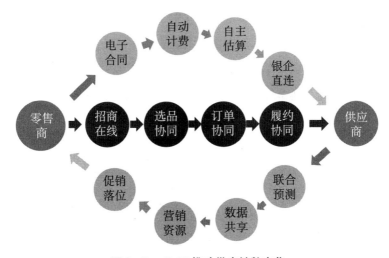

图 3　Dmall OS 推动供应链数字化

数字化赋能，让多点帮助实体零售企业实现了从门店端、总部到供应链的变革。首先，门店端会涉及门店用户服务部分的调整，比如自助收银机、App 支付、门店仓库设计等，还会涉及零售商的智能补货，零供关系的调整等，比如现在可以在货架前面安装摄像头，供应商或品牌商可以直接检测到这个货架是否只放了他们家的商品、零售商有没有履行合同等，供应商或品牌商也可以及时共享到商品销售数据，可以通过摄像头看到什么时候有多少人经过货架。其次，总部的变革。总部过去是管理机构，现在是一个"管理＋运营"机构，所有产销体系都汇总到总部进行资源集约化，因此，现在店长没有权限决定门店需要的货物以及货品怎样陈列。同时，数字化使得内部组织层级减少，信息沟通和决策流程更加高效。再次，在供应链端，总部系统替代了招采、供应商沟通、仓储、仓储管理以及 DMS、TMS 等部分的运作，多点在门店配送和仓储部分进行了系统化建设，如今系统可以根据便利店、超市需求，系统算好触发任务，司机可以实现一站式配送，完成任务。多点沿着符合产业发展方向的底层逻辑，赋能零售企业全渠道变革的路径。

依托大数据平台的理念，Dmall OS 系统为零售企业打造了提供全方位数据支持与商业决策的数据平台，覆盖线上线下多业态，适配到总部、区域、门店多视角随时随地使用，涵盖人、货、场三大场景的数据业务与需求。通过线上线下一体化管理，从订货、收货到物流，再到库存，实现数据量化分析与管控。帮助采购、营运总部、门店及时了解异常情况，及时分析原因并制定应对策略。Dmall OS 不断解决零售企业的痛点，大大降低了企业成本，提高了企业效率。

总之，无论是技术、物流的增强，还是渠道的增加，张文中一直不断地对多点自身的不足进行完善，服务于传统零售企业，解决传统零售业的问题。"企业家存在的价值就是奋斗。"多点能发展至今，很大一部分原因在于张文中的企业家魄力，企业家自我革命的这种魄力能够带动其他人赴汤蹈火往前走。

3. 尾声——数字化零售的国际化进程

今天，作为数字零售平台的多点，以数字化为核心手段对传统零售业进行赋能，基于物联网、互联网、大数据、人工智能打造 Dmall OS 操作系统，进一步优化数智化系统，对零售各环节进行数字化改造，为传统零售商提供完整数字化解决方案。

多点借助数字化占领国内市场，在新冠疫情暴发的 2020 年，多点在国际化市场上迈出第一步，业务涉及柬埔寨和新加坡等，同时，多点跟牛奶集团（Dairy Farm，DF）达成了战略合作，业务在柬埔寨、新加坡等区域落地。2021 年 8 月，多点与德国麦德龙集团达成国际战略合作意向，多点的系统会率先在欧亚 10 个国家的 8 000 个门店落地，从波兰开始，涉及塞尔维亚、克罗地亚等国家，最终会逐步在整个欧洲的麦德龙进行全面数字化迭代。多点对流通产业的数字化有较深的理解。多点通过可靠的技术、庞大的会员规模以及大量的品牌合作产生的联盟，实现月活跃用户增长。

多点将继续做云化的标准化版本的 Dmall OS 系统，根据大的连锁企业开发定制化系统，并开发低配版的 OS 系统，方便中小企业即插即用。多点的迭代并没有停止。多点仍然是个未定式，它将借助数字化创新赋能零售业。多点的故事将由张文中和他的团队继续书写。

02

第 2 篇

传统制造企业：数字化破局正当其时

导　读

制造业的现状、特点和发展痛点

改革开放以来，我国制造业总体规模大幅提升，综合实力不断增强。2010 年，制造业产值超过美国，我国成为名副其实的制造业大国。2015 年 3 月 5 日，李克强在全国两会上做政府工作报告时首次提出"中国制造 2025"的宏大计划，提出"坚持创新驱动、智能转型、强化基础、绿色发展，加快从制造大国转向制造强国"的战略目标。

然而，对于我国制造业企业而言，外部竞争格局正在发生着深刻变革，给企业的发展带来了巨大挑战。首先，世界各国为了抢占新一轮发展的战略制高点，纷纷推出新的创新战略。例如，美国在 2011 年发布《美国创新战略：确保经济增长与繁荣》，将创新提升到国家战略高度，通过研发税收抵免、知识产权保护、鼓励创新创业等措施培育创新环境；欧盟于 2010 年发布《欧洲 2020 战略》，提出要在知识和创新的基础上实现智能型增长。其次，主要发达国家将制造业视为经济复苏和就业岗位增加的关键，更加重视通过高技术领域的创新寻求制造业的复兴和增长。美国前总统奥巴马提出以复兴制造业为核心的"再工业化"战略思路，拟重塑"美国制造"的竞争优势。同时，我国与发达国家劳动力成本的差距逐渐缩小，发达国家高新技术发展大幅降低了资源使用成本，再加上国家政策导向，高端制造领域出现向发达国家"逆转移"的态势。越南、印度等国家依靠资源、劳动力等比较优势，也开始在中低端制造业上发力，以更低的成本承接劳动密集型制造业的转移。一些跨国企业直接到新兴国家投资设厂，有些则考虑将中国工厂迁至其他新兴国家，例如，诺基亚关停了东莞工厂，部分设备转移到越南河内，三星、富士康等企业纷纷在东南亚和印度开设新厂。

除了外部竞争格局的变化，国内的环境变化也对我国制造业企业的发展带来了新的挑战。首先，随着我国人口老龄化，劳动力供给日益不足，劳动力成本不断上升，促使企业进行创新和变革，提升管理效率；其次，我国消费升级打破了制造业企业通过批量化、规模化、产品化、自动化生产便可以满足市场需求的现状，制造业企业需要开始思考如何为消费者提供个性化、定制化的商品和服务；最后，随着各级政府对环境保护要求的提高，制造业企业需要改变原有的经营观念和粗放的管理方式，着力提高管理效率，实现精细化运营，减少浪费，推动产业转型升级，实现可持续的绿色发展目标。

另外，我国传统制造业的弊端也逐渐显现。工业具有信息本源性，是信息的物化体，因而总是倾向于最大限度地运用可以获取和处理的信息。然而，在传统制造业企业中，各个部门是一个个封闭型组织。客观存在的组织边界阻碍了信息的传递，部门之间互为独立的信息孤岛，信息无法高效地传递，在一定程度上制约了企业的创新和生产效率的提高。特别是对一些需要多个领域协同开展的项目，无疑会产生较大的消极影响。尽管企业内部通过各种努力尝试对产品进行创新升级，但是受到要素禀赋的限制，实际效果并不是非常理想，创新速度难以跟上用户需求的变化。选择通过扩张战略增加要素供给，又会造成规模不经济以及核心竞争力的下降，得不偿失。同时，过多关注生产端的技术改进，导致企业在服务端的工作不够到位，用户体验得不到足够重视。因此，在以生产活动为主导的制造业逻辑下，企业的创新能力无法得到完全释放，用户仅仅作为产品的被动接受者，其权益也无法得到充分保障。

数字化转型的必要性以及案例启示

由于上述提到的内外部环境的变化、传统制造业模式弊端的显现，随着新一代科学技术的发展，我国制造业企业数字化转型不可避免。以新一代信息技术为代表的新一轮科技革命正在全球范围内蓬勃兴起，对传统制造业形成了巨大冲击，制造业的发展方式正在发生颠覆性、革命性变革。在移动互联网、大数据、人工智能、超级计算等技术的驱动下，制造业呈现出深度学习、跨界融合等特征，正在对经济发展产生重大而深远的影响，不仅使产品的功能、性能和使用价值发生了巨大变化，而且使得制造业产业模式、产业形态发生了革命性变化。通过数字化转型，制造业企业能够打通涵盖产品设计、生产规划、生产工程、生产实施和服务在内的整个产品生命周期的数据流，实现设备资产的有效管理和业务运营的优化，从而缩短产品开发时间，加快新产品的上市速度，通过更灵活的生产手段实现更快速的市场响应，以更好的质量管理体系赢得客户信任，以更高的成本效率赢得竞争，使得企业具备更多的优势来面对内外部环境的变化。

在数字技术领域，我国与世界前沿科技的差距处于历史最小时期，我国已经有能力跟进这一轮的科技革命和产业变革，帮助制造业企业实现数字化转型升级和创新发展。我国数字基础设施完备，5G、工业互联网、云计算、人工智能等领域的关键核心技术近些年不断突破。《数字中国发展报告（2020 年）》显示，我国 5G 网络建设速度和规模位居全球第一，已建成 5G 基站 71.8 万个，5G 终端连接数超过 2 亿。数字基础设施建设能够完善产业链，优化产业结构，帮助制造业企业进行数字化转型升级。此外，我国还拥有巨大的数字市场规模，相关数据显示，截至 2021 年 6 月，我国网民规模达 10.11 亿，互联网普及率达 71.6%，网络市场巨大，为数字经济创新提供了丰富的应用场景。与此同时，各地方政府对数字经济的重视程度也在逐步提升，相关部门通过制定规则，维护公平竞争，加强对数字领域的监管，提高服务水平，为企业数字化转型升级提供了有利的竞争和可持续发展环境。

本部分选取了美的集团和黑云精密工业有限公司作为制造业企业数字化转型的代表公司，这两家公司都拥有数字驱动的全价值链及柔性化智能制造的能力。美的集团从 2012 年开始实施数字化转型战略，其转型经历是中国制造业企业转型升级的一个典型样本，也是中国制造走向中国智造的一个缩影。如今，美的集团的所有业务活动都以数据为核心，用数据驱动业务运营，其订单预测、生产排产、全国仓储布局等都已经依靠算法和数据实现了智能化运营。黑云精密是一家技术先进的工厂，其运作方式非常接近大家心目中理想的工厂。黑云精密借助数字化技术对企业资源规划系统进行现代化改造，从销售到支持、从采购到生产、从车间到办公室，公司的方方面面都使用数字化运行，公司多年保持较高的毛利率，在资产保持高速增长的同时，净利率也得到了快速提高。

通过了解美的集团和黑云精密的数字化转型历程，读者能够清晰地知晓传统制造业企业进行数字化转型的原因以及数字化转型面临的挑战与成功的关键因素，并能够理解大数据对于传统制造业数字化转型以及最终实现工业互联网、全面数字化、全面智能化的重要作用。德勤的调查显示，目前约有 60％的数字化转型企业尚未建立好转型的发展路径，多数企业仅仅在进行局部数字化改造，只是引入了数字化工具，还没有相应的制度，缺乏配套的考核和激励机制，使得企业的数字化转型浮于表面。本部分内容可以为正在部署或者准备部署数字化转型战略的制造业企业提供借鉴，帮助其深度、全面地完成数字化转型。

美的集团：

传统企业如何实现数字化转型[①]

毛基业　朱晓林

面对工业 4.0 时代的浪潮、消费升级的趋势和全行业的产能过剩，传统企业原有的规模优势不再，粗放式管理的弊端逐渐显现，数字化转型成为必然趋势。美的集团在 2012 年开始部署数字化转型战略，至今已经完成蜕变，实现了以客户需求为中心的数字化运营新模式，在提高效率的同时也增加了净利润。

本案例旨在通过描述美的数字化转型的过程，呈现传统企业进行数字化转型的原因、数字化转型面临的挑战与关键成功因素，揭示大数据对于企业数字化转型以及最终实现精益化、敏捷化的重要作用。通过对关键知识点的总结与提炼，可以为正在部署数字化转型战略的企业提供借鉴。

---

① 本案例由中国人民大学商学院毛基业、朱晓林撰写，应企业保密的要求，对有关名称、数据等做了必要的掩饰性处理。本案例只供课堂讨论之用，并无意暗示或说明某种管理行为是否有效。

2019 年 6 月的一天，时任美云智数数据云事业部副总经理的于英粗略盘点了一遍美云智数所服务的外部客户数量，惊喜地发现美云智数已经为 130 多个外部企业提供大数据服务了。这个数量从去年的 45 个增加了近两倍。美云智数是美的集团的子公司，于 2017 年 1 月成立，由美的 IT 部门发展而来，主要负责对外提供大数据、云计算、智能制造等相关产品和服务，助力企业数字化转型。为什么一家传统企业的 IT 部门可以成为专业化的大数据服务商？针对这个问题，于英的思绪飘回了 2012 年。"这一切还要从 2012 年美的实施数字化转型战略说起……"

2012 年对于美的来说是不平凡的一年。这一年，创始人何享健卸任，方洪波正式接任集团董事长一职，标志着这家资产超过千亿元的家电巨头正式迈入职业经理人掌控时代。与此同时，集团高层管理者也意识到了传统制造业面临的困局以及潜藏在美的高速扩张发展之中的危机，开始部署转型战略，由原来的粗放式经营向精细化管理转变。

自实施数字化转型战略以来，美的始终保持"产品领先、战略驱动、全球经营"的战略主轴，在加大自动化和 IT 系统投入的同时去产能、去库存、去杠杆，保证企业的精益与敏捷，同时实现内部信息的全面打通，防止产生信息孤岛，实现信息透明化管控。

美的通过数字化转型战略对企业进行了调整，使企业向以客户为导向的内涵式增长模式的转变迈出了重要的一步，增加产品研发投入，注重效率，推进全球化布局，使企业从传统的家电行业向信息技术引领的现代化科技公司转变。

截至 2016 年，美的数字化转型战略帮助企业在降本增效上产生了良好效果，同时优化了企业资金流。虽然企业绩效等定量指标是一系列企业活动的综合结果，但不可否认过去五年内经营指标趋向利好，离不开数字化战略的实施。2016 年美的营业收入为 1 590 亿元，虽然与 2011

年的 1 341 亿元相差不大，但净利润增幅高达 137％，自有资金也从原来的－51 亿元增加到近 700 亿元，现金流充沛；员工人数压缩近一半，总效率却翻了一番（详见表 1）。

表 1　2011 年与 2016 年美的核心指标对比

核心指标	2011 年	2016 年	对比
营业总收入（亿元）	1 341	1 590	＋19％
净利润（亿元）	67	159	＋137％
自有资金（亿元）	－51	695	＋746
经营活动产生的现金流量净额（亿元）	41	267	＋551％
人均效率（万元）	67（19 万员工）	134（11 万员工）	＋100％
净资产（亿元）	302	690	＋128％

资料来源：美的集团.

在转型过程中，大数据能力的形成为数字化转型与运营提供了支撑与保障，同时也深刻改变了美的在市场上的角色定位。2017 年美云智数的成立使得美的从传统制造业企业逐步向智能制造企业转型，同时作为大数据服务商将已有的内部最佳实践复制到企业外部各个行业中，进行产品与解决方案的输出，为其他正在或即将面临数字化转型的泛制造业企业提供了重要支持。

回顾美的数字化转型全过程，于英更加真切地感受到传统企业转型的急迫性以及资源相对缺乏的中小型传统企业转型所面临的巨大挑战。"我们的目标就是把美的的成功经验输出，为其他传统企业的数字化转型与运营提供帮助"，于英坚定地说。即使美的数字化转型已经取得阶段性的胜利，但是面对瞬息万变的市场环境，一成不变绝不是一个好的对策。那么如何部署下一步战略，进一步深化企业数字化转型，输出更加成熟的转型经验，是美的接下来要考虑的问题。

1. 背景：从乡镇小作坊起家的世界 500 强

美的的发展史，是一部充满传奇色彩的乡镇企业逆袭成为世界 500 强的奋斗史。

1968 年，创始人何享健带领着 23 名顺德北滘街居民以生产小组的形式开始了艰苦的创业历程，当时的生产小组以生产塑料瓶盖等小部件为主，后来逐渐发展为生产金属制品、汽车配件、发电机等。

美的正式进入家电领域是在 1980 年，改革开放的浪潮为美的带来了机会，中国消费市场扩大，需求明显增加。何享健凭借广东人敢为天下先的精神以及天生的市场能力敏锐地嗅到了市场机会，通过为广州某国企电风扇厂生产配件敲开了家电行业的大门。同年 11 月，美的通过坚持自主研发，成功生产出第一台电风扇。

1992 年以前，美的的发展已初具规模，但仍未形成自身的管理体系与模式，此阶段主要是以规模带动的野蛮式生长阶段；1992 年以后，中国市场经济体系不断完善，美的把握先机，率先完成了股份制改造与事业部制改革，逐步建立起现代企业治理制度，构建了基本的企业管理机制，进入快速发展阶段。

2003 年后，美的产品不断变得多元化，美的通过并购和全球化战略与多家企业合作，工厂基地遍布世界各地，进入了多元化发展新阶段。美的 2011 年营业收入为 1 300 亿元，增长率高达 30％，采用规模导向的粗放式管理模式，扩张速度非常迅猛。

快速发展使得美的产生了一定的膨胀，企业曾经提出 2012 年"冲击两千亿"的口号。然而，美的在其快速发展的表象下出现了诸多问题。虽然营业收入的数额越来越大，但是其内部的经营状况并没有想象中的乐观，利润也没有显著增加。

2012 年后，随着电商的兴起以及互联网转型带来的巨大变革，传统制造业企业面临前所未有的挑战。消费升级时代已经到来，以往的快速大规模制造、快速分销的模式在以客户为中心的全新消费时代已经不能发挥作用。产能过剩导致大量产品不能及时卖出，许多库存积压在了分销商手中，而各大事业部为了完成既定指标任务继续大规模生产，致使产品越积越多，造成库存成本提高、资金链断裂等严重问题，原来"只管生产、不愁卖"的局面被彻底打破。面对这一局面，美的应该如何应对？是维持原有思路继续扩张，还是做出战略上的调整？

新上任的方洪波董事长敏锐地发现了潜藏在美的野蛮式发展背后的问题，带领美的高层管理者们积极谋变。他认为制造业企业必须谋求精细化管理，以效率驱动代替规模生产，才能在激烈的市场竞争环境中生存下去。在方洪波的带领下，美的上下一心，没有丝毫犹豫地进行了大刀阔斧的改革，由以产品力提升为核心、以客户为中心、以盈利为导向的内涵式增长模式，替代原有的以规模为导向的粗放式增长模式，实现从粗放式管理向精益管理的转变。

总体来说，美的的策略是先做减法，再做加法。首先，砍掉了两三百亿元的销售额，将一些经营不善、盈利能力不佳的品类果断进行了断尾处理，SKU 的数量，包括产品品类数量压缩了近一半。其次，不再进行固定资产上的投资，到 2016 年的五年内，没有增加一平方米的厂房，反而退出了两万多平方米的厂房。再次，员工人数也大幅减少，由 2011 年的 19 万减少到 2016 年的 11 万。最后，将节约下来的资金投入到"看不见"的地方去，加大人才投入、科技投入与研发投入。

上述做法的核心思想是提升企业效率，这些战略看似简单，实施起来却并非易事。在此过程中美的经历了不断试错与探索，首先就是对 IT 体系的重构。

2. 转型试水："632"项目打通信息孤岛

在对企业效率进行改善的过程中，美的发现原有的 IT 治理存在很大的问题。由于美的集团内部组织架构庞大复杂，集团总部下设各大子集团、事业部，特别是上市以后单独成立了美的控股，使得数据治理变得更加困难。加之美的采取的是"小集团、大事业部"制，各个事业部具有高度的独立性与话语权，当时大多数事业部是各干各的，因此企业内出现了信息孤岛、信息不透明现象。由于数据口径、标准等各不相同，集团总部往往难以把握总体情况，常常产生不能及时了解事业部运营状况、拿到的运营数据不真实等情况。那么，如何解决这一难题？

为解决上述问题，提高经营决策效率，时任美的集团 CIO 的谷云松提出将美的内部 IT 进行全流程改造、全方位打通的构想，这与董事长方洪波"一个美的，一个体系，一个标准"的理念不谋而合，方洪波本人也十分重视 IT 建设，很快拍板决定投入 20 亿元资金进行"632"项目。

所谓"632"项目，即对于美的内部六大运营系统、三大管理平台、两大技术平台的建设①，各个事业部统一标准与口径，将数据、流程全

---

① 六大运营系统：产品生命周期管理（product lifecycle management，PLM）、企业资源计划（enterprise resource planing，ERP）、高级计划排程系统（advanced planning and scheduling，APS）、制造执行系统（manufacturing execution system，MES）、供应商关系管理（supplier relationship management，SRM）、客户关系管理（customer relationship management，CRM）。

三大管理平台：商业智能（business intelligence，BI）、财务管理系统（finance management system，FMS）、人力资源管理系统（human resource management system，HRMS）。

两大技术平台：统一门户平台（midea information portal，MIP）、集成开发平台（midea development platform，MDP）。

面打通，实现"用户端到端、产品端到端、订单端到端"，同时实现集团总部对价值链全流程的管控。

这是一个耗资 20 亿元、耗时近两年的庞大项目，其中可以细分出多个子项目，涉及集团各个事业部的协调与配合，过程中注定有许多困难需要克服。例如，在项目开始阶段，原本 ERP 模块是交给 IT 外包商来做的，但是合同进行到中间的时候，发现外包商人员不能很好地理解制造业业务，不能充分满足美的的要求，面对 6 000 万元的合同没能达到预期效果，美的应该怎么做？

谷云松毫不犹豫地终止了合同，全部改为依靠美的 IT 人员自主研发。这对于传统制造企业的 IT 部门来说，挑战无疑是巨大的，但 IT 部门负责人顶住压力，通过招聘吸纳人才，将 IT 团队由原来的 300 人扩充到了近 1 000 人。最终在各大事业部成员的积极配合以及强大的执行力作用下，使得项目圆满完成。

于英的记忆中，谷云松经常向他们感慨："632 项目能够成功，我认为第一还是领导的重视，我们的幸运就是方总对 IT 的价值认知非常好。有了重视之后，还要配资源，光说重视不配资源是没有用的。另外领导还要有一定干成的决心。接下来就是我们自己要做好。领导有决心了，有资源了，剩下就是看我们怎么干，对于 632 项目来说我们的方法还是得当的。"

至此美的不但解决了以往信息孤岛、信息不透明的问题，实现了企业运营全流程的打通，还构建和训练了一支具备高水平专业技术能力的 IT 团队。

在回顾美的数字化转型过程时，"632"项目被所有美的人津津乐道，它的圆满成功是美的数字化进程重要的基础，同时也是关键所在，标志着美的在向以客户为导向的内涵式增长模式的转变迈出了重要的一步，也是企业从传统的家电行业向信息技术引领的现代化科技公司转变的开始。

3. 转型深化：大数据助力数字化运营

经过"632"项目的历练，集团总部拥有了素质高、技术强的 IT 精英团队，项目结束后谷总也在思考如何将过盛的 IT 资源与产能充分利用起来。在产业互联网化时代，大数据无疑是一大热门，对于传统制造业而言，能否利用大数据为企业带来价值？美的的业务能否通过大数据受益？由于"632"项目对于数据、渠道的打通为大数据的发展提供了便利条件，因此在于英等人的建议下，谷云松决定尝试有效利用数字化时代的大数据、人工智能和云计算等先进技术，为研发、生产和销售等环节助力。

3.1 互联网外部数据的应用

首先能利用起来的就是互联网外部数据。于英之前在互联网行业工作，他曾在微软任职，后来在南方航空负责大数据相关工作，2014 年入职美的。当时正值美的数字化转型关键时期，公司大量招聘有互联网行业背景的技术人才，于英的互联网从业经历成了他的敲门砖。当时他干劲十足，十分有信心能够利用大数据在传统企业数字化转型进程中干一番大事业。于英刚到美的，便发现了当时产品企划的痛点。当时的产品企划人员非常辛苦，收集数据要从多个渠道入手。

一是找调研公司买一些经过分析处理后的数据，比如什么样的产品好卖、用户对什么功能感兴趣等。还会通过自行发放问卷的方式获取用户反馈。二是买一些竞争对手的产品，买回来从包装开始边拍照边拆解，一层一层拆下来，去分析产品有什么优点、缺点。三是从互联网上的论坛、电商评论中收集大量的用户评论数据，然后做人工分析。

一个产品企划做下来大概要两个月的时间。这样的产品企划方式不仅耗时长，而且所用信息不全面，很可能得出有偏差的结论。现如今大数据技术的发展使得企业在互联网上快速、准确地获取这些数据成为可能，这为产品企划提供了新的解决办法。传统分析方法与大数据分析方法的对比详见图1。

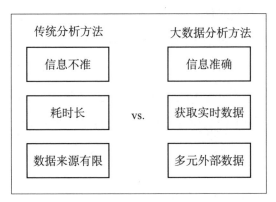

图1　产品企划传统分析方法与大数据分析方法对比

于是于英思考是否可以从互联网上获取准确的市场信息、产品信息、竞争对手信息以及用户评论信息，通过对这些实时信息的分析给公司产品企划提供依据。"我一过去就建议，我们能不能通过大数据的一些技术手段，用网络爬虫把这些数据爬下来再做分析。"通过这样的方式，美的将不再需要通过购买或者发放问卷的方式了解用户、竞争对手、市场需求，而是直接在互联网上即时获取数据，这样做的好处除了进行全面、多元数据分析，可以有效避免偏差，减少收集数据过程中的人为偏误，而且能大大减少工作量，缩短企划周期，给公司带来实在的价值。

发现了产品企划的痛点以及大数据解决问题的新思路，谷云松和于英组织团队将想法整理出来，并以 PPT 的形式向方总汇报，争取机会。因为制造业尝试采用互联网外部数据分析还没有非常成功的业内实践，大家心里都没底，不知道这种做法到底能不能行得通。管理者也会考虑并质疑企业内部的数据运用都没有非常成熟，这个时候去拿互联网上庞大而复杂的外部数据能否分析出有价值的结论。然而风险往往伴随着机会，由于感受到了互联网外部数据分析所隐藏的巨大价值，IT 团队锲而不舍地将想法、逻辑整理并汇报，加之美的始终鼓励员工试错与创新，因此方洪波拍板可以尝试去做一下。

正所谓万事开头难，最初阶段缺乏技术型人才以及处理外部数据的经验，企业一切都是从零开始慢慢搭建，可想而知难度有多大。开始的预算只有 100 万元，负责人于英找到了一家供应商，最终敲定以 90 万元请他们帮忙搭建系统。然而第一个版本出来的结果不尽如人意，原因是爬虫获取的数据不全，准确率难以保证。"当时的准确率只有百分之七八十，这个确实很难拿得出手。"于是于英用余下的 10 万元找了近十位爬虫相关的 IT 人才，继续加班加点地工作，攻克技术难关，改善了数据采全率与准确性。两个月后，第二个版本出来，效果明显好了很多。外部数据的应用逐渐在美的各大事业部推广，最开始以热水器事业部为试点，后来的厨房电器事业部、生活电器事业部等都逐渐引入了该系统。

互联网数据分析系统运用爬虫技术爬取主流电商数据并加以分析，做到了解市场、了解自己、了解竞争对手，为企业经营决策助力。外部数据分析过程中，最为关键的就是如何保证爬取数据的准确性，使得分析结果有效。为此，美的投入 200 多台物理服务器集群、2 000 多台虚拟机服务器，采取有效的爬虫技术保证数据爬取的全面性、准确性。T

＋1 更新机制保证数据爬取的及时性，深度机器学习与自然语言处理算法为更好地分析用户评论数据提供了有力帮助。此外，美的品质管理部门将各大事业部对互联网大数据平台的使用情况列入考核指标，高度话语权保证了互联网大数据平台在各大事业部顺利推行。美的互联网大数据功能概览见图 2。

图 2　美的互联网大数据功能概览

资料来源：美云智数．

"数据是越用越准的。"于英说，"最开始互联网大数据平台的效果也不是特别好，但是随着不断地使用与迭代，平台得到的数据的准确率越来越高，分析效果也越来越好，平台得到了各大事业部的认可。"

目前美的互联网大数据平台能够保证数据准确率在 90％以上，有效地保障了分析结果的有效性。同时，该产品在美的八大事业部均得到了广泛应用，获得了良好评价。

以电烤箱产品优化为例，首先通过互联网大数据平台数据与竞品的对比分析，发现美的一款电烤箱相较其他竞争品牌销量明显落后，因此分析小组与事业部相关负责人成立专题分析小组跟进分析电烤箱销量差的原因并提出解决方案。深入分析后发现，与竞争品牌相比，美的电烤箱同价位产品主打容量大的特点，认为用户更喜爱能够烤更多食物的烤箱，但是当前市场特征早已不是如此，用户由于受烘焙文化的影响更喜欢用烤箱烘焙小饼干、小蛋糕等，容量大已不能形成竞争优势。竞争对手的产品主打的功能特征为：上循环热风、上下独立温控、独立加热。这些是用户关注的焦点，但美的产品没有一款能够覆盖这三项功能。基于此，专题小组提出针对电烤箱做功能升级与产品优化。短短三个月的时间，美的电烤箱成为行业销量第一名。

通过互联网数据信息，美的即时发现了销量落后的现象，第一时间展开分析，聚焦销量落后的容量和功能问题，从而有针对性地进行改进。与传统方法相比，这一过程避免了发放问卷了解问题的麻烦，大大缩短了优化周期，同时能够保证问题被即时发现甚至预判。互联网全局、准确、多维的数据也为精准捕捉出现问题的原因提供了支持，避免了传统方法的片面性带来的判断失误，有效解决了传统产品优化的痛点。

除此之外，互联网大数据平台还可以通过外部数据分析进行市场研判、研发改进、生产优化、销售促进、售后改善、商机洞察等，越来越多的事业部成功用实践证明了互联网大数据平台的价值，它能够从行业、用户、产品、渠道等角度深入分析，掌握行业发展趋势，了解产品布局，洞察用户情感，助力各事业部完成经营决策。

虽然互联网大数据平台最初的灵感来源于解决产品企划问题，但是最终价值不仅局限于此。企业在研发、生产、销售全价值链流程中都能够通过外部数据的分析得出有价值的结论。例如，新产品入市前的市场表现综合分析、竞争对手分析、用户需求分析、用户产品体验与评价分析等，这些对于事业部都是实打实的帮助。同时，为保证方案落地，IT部门专门成立分析小组，由在美的工作多年、熟悉业务的员工对事业部行业分析、专题深度分析等进行指导，与事业部专门负责人成立虚拟小组，定期召开例会，协助事业部找到问题所在，提出解决方案，同时鼓励各大事业部自主发现问题、解决问题，实现业务与技术去中间化，改变原来 IT 被动应付、赶工上线、难以达成业务真实需求的局面，提高效率。

3.2 企业内部数据的应用

美的内部的商务智能（business intelligence，BI）系统从 2008 年便开始搭建了，最初 BI 系统采用的是 Oracle 的 BIEE，但运营中暴露出了很大的问题。传统 BI 最为突出的一个问题就是 IT 人员容易被业务人员牵着鼻子走，由于不同的业务人员需求不同，经常给 IT 人员造成的困难是每天都要出好多张不同的报表。由于业务人员对于报表的内容、设计等需求往往不同，"做了几千张报表，利用率不到 10％"的现象非常常见。

为改变这种现象，借助"632"项目对全流程系统、数据的打通作用，美的进行了 BI 系统改革。

第一步：统一数据口径。由于美的内部结构较为复杂，除了各大事业部还有采购中心、财经中心等，除了自主品牌还有收购的小天鹅、东芝等品牌，还有海外业务 OEM 订单，因此数据口径的统一没有想象中的容易。这一步骤主要在"632"项目内完成，是一项烦琐、困难的任务。

第二步：统一数据平台。将所有数据统一存储在一个数据平台内，之后每次都从这个平台调用。为此，美的专门自主研发了数据基础平台，贯穿企业数据资产设计、建设、运营全生命周期，是美的唯一的数据仓库，具备海量存储、实时处理以及高速计算能力，保证数据分析效率。

第三步：梳理指标体系。与业务工作人员充分讨论沟通并确定分析指标。指标有专门负责人，一旦确定不能随意更改，变化的时候需要得到负责人同意，保证系统的稳定性。将指标体系固化下来能够减少很多不必要的工作。

第四步：数据的应用。将数据真正应用到业务中，分析实际问题。

至此，一个全新的 BI 系统开发完成，与传统 BI 系统相比，该系统将传统手工加工报表转化为自动生成报表，在有效提升效率并减少 IT 工作量的同时，帮助企业全方位了解自身运营情况，特别是对美的集团总部掌握、评估各部门情况起到了重要作用。美的内部数据系统功能概览见图 3。

图 3　美的内部数据系统功能概览

资料来源：美云智数．

这个面向企业内部数据的应用目前已经涵盖了集团的 12 大业务领域（包括物流、内销、外销、审计等），所有业务领域的数据都存储在同一个平台上，内含 2 000 多张业务报表，3 000 多个业务指标，可以根据业务人员需求灵活配置，业务人员可以选择自己需要的维度，看自己需要的数据指标，为企业全价值链运营管理提升效率。

例如，产品降本效益的实现就是通过企业大数据分析完成的。由于产品结构复杂，传统手工方式根本不可能对具体部件的可替换材料对成本的影响进行分析，现在系统中的所有材料均有统一记录，能够马上将研发渠道每一个产品的构成对应采购渠道的各个物料价格，从而计算单位价格变动、单位物流变动对成本的影响，最后追踪到对上层产成品的整体影响。成本联动有助于物料选择，保证成本最优。此外，企业大数据还有助于实现采购成本综合评估、物料库存风险预警、实时数据在线分析等。

在实际的运营分析过程中，企业大数据平台的优势在于：

第一，实现自动监控。企业大数据平台灵活的数据推送机制使得管理者能够实时掌控企业信息。比如美的每天为集团管理者推送的经营分析数据，是按照管理者关注点量身定制的。该平台成立之前，数据需要自下而上从事业部的营销公司、工厂一层一层地往上报，最后报到集团。在经过多级的汇总加工后，管理者在下午3点左右才能收到最终报表。现在通过应用大数据技术，企业大数据系统每天早上六七点钟就能自动生成报表，且通过电子邮件的形式将报表自动发送给相应的负责人，避免信息延迟，实现及时监控。

第二，实现移动化触达。企业大数据提供了丰富的移动端数据应用模板，满足各层级用户、各类型数据可视化组件，方便用户随时随地了解经营状况。同时，为高层管理者提供可视数据大屏，便于管理者在办公室随时掌控企业信息。

第三，实现智能预警。原来的运维人员每晚需要守在系统旁边，防止数据出现错误，而企业大数据的智能预警系统大大减少了运维人员的工作压力，改变了原来由人员被动守候的局面，系统可以在问题发生前及时发现错误并推送给相关人员，达到防患于未然的目的。

事业部推广大数据系统阶段同样存在着碰撞、磨合的过程，这一过程中 IT 领域负责人的话语权起到了至关重要的作用。在美的，CIO 同时也担任总经理助理，只比副总经理低半个级别，因此有充分的权威性，能够协调各个事业部的活动。在企业大数据推广的过程中，品质管理部门牵头将大数据系统应用列入了事业部业绩考核，系统用得不好将会直接影响业务部门业绩，因此这件事受到了各事业部的高度重视。各事业部派驻一名 IT 经理与集团总部 IT 对接，保证系统成功落地。此外，事业部之间的横向竞争也充分保证了企业大数据系统的良好落实。

3.3　用户大数据的应用

用户大数据一直是于英团队希望构建的一大模块。2015 年前后，美的在业务上高度重视用户运营，成立了市场与用户运营部，业务上存在对用户数据的需求。借此契机，IT 团队将建立用户大数据平台的想法汇报给了管理层，在得到认可后便着手去做。

众所周知，了解用户是企业获取竞争优势的关键，对于像美的这样的制造企业而言，一个最大的困难就是接触不到终端用户。"像运营商、银行或者航空等服务行业，它们老早就做了用户运营。为什么它们可以？因为它们跟用户的接触是强接触，消费一次就会联系一次。但是制造业不一样，它的用户都是一些渠道商、经销商。"因此，如何拿到终端用户的数据成为实现用户运营的关键。

美的是如何获取用户数据的呢？实际上美的采用的是最脚踏实地的办法，即从多个渠道将能获取的数据都拿到，再将其进行清洗、融合，整合到统一的数据平台上。可以获得数据的渠道包括售后、电商、零售、会员、物流、智能家居等，总之美的尽其所能获取用户数据。

拿到数据之后，IT 团队采用 Hadoop 等开源大数据技术进行清洗和融合，以手机号为唯一标识，将数据整理出来。因为数据来源多样，有些数据质量也不是很高，所以整合过程并不是那么简单，于英团队在初期的数据处理过程耗费了整整五个月的时间，推倒重来了好多次才最终完成数据清洗工作。

一旦将数据梳理好，接下来的流程就容易得多了，即根据用户的特征为他们设置标签，最终形成用户画像。后期系统的维护也不再像前期处理那么困难，基本能够实现自动化数据更新与实时监控。2019 年系统中已经有接近 1.8 亿用户数据，涵盖了中国超过 1/10 的人口，且以每天 20 万左右的速度递增。美的用户数据系统功能概览见图 4。

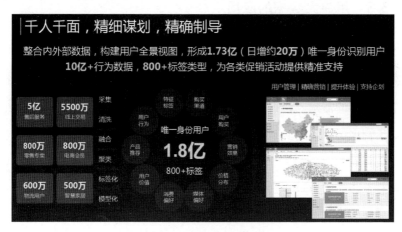

图 4　美的用户数据系统功能概览

资料来源：美云智数．

用户大数据系统主要帮助企业全方位了解用户。该系统最为广泛的应用就是做精准营销。例如，2016 年 11 月 5 日美的品牌日即运用用户画像对线上线下 O2O 活动做了创新，最终一天内达成了 10 亿元交易额。品牌日活动开始前，美的先通过用户大数据系统，将符合活动条件的用户筛选出来，通过微信、短信等方式将活动信息推送给他们；在活动进行过程中，通过微信摇一摇等互动形式向用户发放优惠券，并将用户信息保存在系统中。活动结束后对收集到的用户信息进行分析，了解哪种标签的人，通过什么样的方式，购买了什么样的产品，以此积累更多的数据信息，为下次营销活动提供依据。如此迭代，美的能够有效改善以前盲目投放广告、做宣传的局面，有针对性地进行产品营销推广，提高营销效益。此外，用户大数据还在提升售后服务、支撑企划等方面都发挥了很大作用。

3.4 大数据基础平台与大数据文化

随着 IT 内部业务系统数据量的指数级增长，美的原有数据平台已经越来越难满足需求，同时也暴露出许多弊端，比如业务响应速度较慢；传统 RMDB 已不适合复杂逻辑运算，性能处理能力较差；难以容纳海量数据等。此外，一体机、小型机服务器费用昂贵使得平台成本增加。综合考虑后，美的决定自主研发大数据基础平台，将所有企业数据全部存储其中，成为美的唯一数据仓库，实现数据全面打通，支持大数据应用分析。

大数据基础平台不停运转、永不间歇，保证上层大数据的应用分析。大数据基础平台与企业大数据一脉相承，是在同一阶段自主研发出来的，大数据基础平台是企业大数据的底层基础平台。大数据基础平台的作用主要是数据调度与元数据管理，满足结构化、非结构化数据采集、存储、处理等需求。目前大数据基础平台拥有超 1 000TB 的数据，日增量为 3~5TB，150 台以上的物理服务器集群，350 台以上的虚拟机服务器，超 20 000ETL 数据处理作业，24 小时不间断数据处理，保证数据实时更新。

数字化技术在不断发展和优化，迭代速度非常快。据此，美的专门成立算法小组进行算法优化、新技术开发等，保障数据质量。例如，自然语言处理算法优化，保障网站上用户评论数据分析质量；爬虫技术优化，使网站图像等信息的处理更为合理，保障爬取数据的准确、全面；研究 AR 等新技术，增强现实交互，拓展数据采集方式。这些技术的迭代和优化与大数据基础平台一样也是数据分析的基础保障。

大数据不像 ERP，它更像一种锦上添花的东西，而不是必需品。即使没有大数据，企业也不会运作不下去，但是让企业内部员工了解数据文化，懂得用数据思维驱动决策是很重要的事情。因此，大数据团队通过美的内部的移动应用"美信"，推广大数据产品，培养数据文化。在移动应用中，数据分析师会定期发布一系列文章，其中包括简要分析报告、数据小品等。分析报告给到事业部业务人员，他们基本上几分钟就能够了解分析结果，便于业务人员充分利用碎片化时间；数据小品旨在用生动、形象、有趣的语言为企业上传下达数据分析的魅力，告诉大家数据分析究竟可以做什么。此外，大数据团队还会定期举行专题报告、培训等活动传递数据精神，培养数据文化。

互联网数据、企业数据、用户数据、大数据平台、数据服务五大产品相辅相成，形成了美的开普勒大数据体系，见图 5。

图 5　美的开普勒大数据体系

资料来源：美云智数．

所谓开普勒体系，寓意大数据体系像开普勒望远镜一样，看到一个不一样的数字化美的、数字化世界。开普勒体系已形成一套标准的研产销一体化闭环运营机制，高效地采集数据，帮助企业构建应用产品体系，输出分析体系，支持企业决策，从而实现数字化运营，见图6。

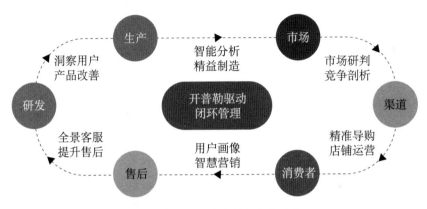

图6　大数据助力美的数字化运营

资料来源：美云智数.

正如于英所讲，传统的数据分析方式是发散的，遇到一件事情就去分析，分析完就算结束，分析过程并未形成一套完整的体系，也没有重视运营的过程。大数据要想真正发挥价值，最主要的就是形成一套完整的闭环管理，与业务部门员工对接，教他们分析问题的方法，帮助他们培养数据思维，让大数据分析真正落地。

4. 转型成熟：成立独立服务商"美云智数"

2016年美的开普勒体系大数据产品已经基本成熟，提升了各大事业部的效率，为美的数字化转型、运营提供了很大助力，这一点从表1的财务数据中可以窥探一二。同年，开普勒大数据体系迎来了另一个具有重大意义的转型机会。随着产品越来越成熟，开普勒大数据体系在美的的成功实践吸引了其他同样需要转型的制造业企业的注意，越来越多的企业表明有意向与美的合作，购买开普勒大数据体系中的大数据服务，构建自己的大数据分析体系，为数字化转型助力。

2017年1月1日，美云智数成立，它将原来的IT部门转变为IT服务商，将美的集团最近几年在移动互联网、智能制造、大数据、云计算方面的经验和产品服务于整个泛制造业。对于美的而言，开普勒大数据体系五大产品是大数据能力输出的载体。开普勒大数据体系为什么会获得客户青睐，其竞争优势体现在哪里？

首先，开普勒大数据体系的一大特点是产品化。为了满足美的各大事业部的共同需求，所有模块均设置为可配置模式，这一点为开普勒产品快速对外输出提供了保障。从行业分析、成立专门项目组跟进负责、沟通业务需求到最终产品上线与维护，由于拥有美的内部项目的经验，在进行对外输出时，其基本逻辑与方法论与内部经验保持一致。在进入一个新的行业时，产品上线基本能在三个月内完成。由于美云智数了解制造业业务，如果是之前做过的行业，产品上线则只需两个月即可完成。

其次，美云智数的所有项目实践都是落地的，能真正解决企业的痛点。例如，美云智数第一个客户奥飞娱乐，最开始采用开普勒互联网大数据系统分析市场机会。奥飞娱乐是一家玩具生产厂商，主要生产积木，但该产品市场主要被乐高占据。奥飞娱乐希望能够通过互联网大数据分析一下市场机会在哪里，市场有多大，是不是在扩大；市场的竞争对手有多强大，进入市场有没有胜算；进入市场后又如何进行产品定位等。美云智数团队协助奥飞娱乐进行分析，发现了一款名为磁力片的产品，该产品在行业内的销售趋势呈增长态势，且新进入者非常有机会做到行业前三名。因此，美云智数为奥飞娱乐详细分析了市场行情、竞争对手情况及爆款特征，帮助其制定产品规划。奥飞娱乐在周密的前期调研基础上很快便进入了该领域且取得了不错的业绩。

目前，美云智数的客户包括从家电出发的多个泛制造行业，服装、汽车、玩具、卫浴、家纺、商超等均在列，并且增长迅猛。截至 2022 年，美云智数已服务于 40 余个细分行业领域，200 余家行业领先企业。

5. 未来的发展

美的大刀阔斧式改革将传统粗放式经营理念转变为精细化管理，得到"632"项目和大数据体系的有力支撑，这两轮变革分别实现了 IT 体系的整体重构、打通，IT 体系和大数据应用助力美的数字化转型与运营，完成了美的从典型的传统制造业企业逐步向智能制造业企业转型。大数据在此过程中无疑起到了至关重要的作用，它在美的鼓励创新、允许试错的环境下迅速扎根萌芽，并最终开花结果。

截至 2022 年，美的在世界范围内拥有约 200 家子公司、35 个研发中心和 35 个主要生产基地，业务覆盖 200 多个国家和地区。2015 年美的成为获得标普、惠誉、穆迪三大国际信用评级的中国家电企业，此后连续七年上榜《财富》世界 500 强，2022 年排名第 245 位。美的已跻身家电行业世界知名企业行列，成为中国家喻户晓的家电行业巨头之一，且正以"人机新时代"作为新的出发点，向人与机器共融共生的智能化新时代迈进。

从 2020 年美的集团将"全面数字化、全面智能化"提升到集团核心战略高度，数字化转型又迈向了一个新阶段。短短两年的时间，美的智能家居、工业技术、楼宇科技、机器人与自动化、数字化创新等业务全面开花，实现了以用户为中心的全价值链条所有触点的数字化，正朝着以数据驱动的创新型科技集团的目标迈进。数字化转型是没有终点的重大项目，需要不断迭代与创新。在已有成果的基础上美的的下一步战略应该如何部署？未来如何才能让大数据发挥更大的价值？

黑云：
数字化转型之路①

张志强

　　一个白手起家的公司，不搞概念炒作，不靠资本运作，十几年专注于做好工厂和管理，锻造出一个业务稳定、管理高效、技术领先的优秀企业。公司在规模上属于中型企业，但依靠公司自己研发的移动端管理系统，公司已经可以实现全方位、全过程的数字化管理。公司经理可以通过手机实时了解公司采购、生产、销售、行政、后勤、人员等方方面面的数据和信息，并及时发出决策指令。这种独特而高效的管理方式为公司赢得了巨大的优势，不仅提高了公司适应市场的能力，降低了公司的管理成本和生产成本，而且降低了差错率和废品率。这家公司就是深圳市黑云精密工业有限公司。本案例根据多次实地调查和走访得到的一手资料，将公司坚守"体面工厂"的理想、一步步走向成功的过程原原本本呈现给读者，期望广大中小企业可以从中获得启发。

---

　　① 本案例由中国人民大学商学院张志强撰写，应企业保密的要求，对有关名称、数据等做了必要的掩饰性处理。本案例只供课堂讨论之用，无意暗示或说明某种管理行为是否有效。

2019 年 8 月的一天，由业界、学界和媒体界 20 多人组成的临时团队来到深圳市宝安区宝田工业区的一栋 5 层大楼内，这是这个临时团队成员的共同目的地：深圳市黑云精密工业有限公司。这个临时团队来此有一个共同的原因，即为黑云的移动端管理系统所吸引，想来一探究竟。

黑云 2017 年设立了对外开放日，专门接待报名来访的团队，为其介绍黑云的生产与管理，特别是其移动端管理系统。来访团队由黑云的资深高管带领和讲解，观看黑云的加工车间、包装车间、原料仓库以及管理层办公区。按照惯例，今天的团队参观完，都集中到会议室听总经理陈冠义对黑云管理系统做总体介绍和互动问答。

送走了来访者，陈冠义回到自己的办公桌前，习惯地翻看手机。身为黑云公司的老总，陈冠义没有自己独立的办公室，也没有气派的老板桌，他的办公桌就在公司管理团队共用的大办公区内，与其他管理者一样保持平等、开放，就像他的公司对来访者开放一样。

陈冠义花了二三十分钟翻看系统中的更新信息，了解公司各方面的最新情况，给有关人员发了消息，安排了工作。这就是他日常的管理工作，没有意外情况的话，基本可以在一小时左右搞定。处理完工作，刚才来访者的问题又在他耳边回响：

黑云为什么要免费为中小企业提供自己研发的管理系统？

黑云的管理系统适用于其他中小企业吗？

············

由于已经接待过数不清的来访团队，陈冠义对这些提问可以对答如流。

其实，这些问题也是陈冠义经常问自己的问题。他可以自信满满地回答提问，因为他对这些问题都有深入的思考，也因为背后有自己的公司，特别是管理系统的成功作为最强有力的支撑。实战中摸爬滚打过的他知道，最有说服力的回答是有多少中小企业应用了这个系统。可是，至今，除了黑云自己的供应商和经销商，正式采用黑云管理系统的企业少之又少。

这是否只是时间问题？陈冠义陷入沉思。

1. 艰难起步

说到黑云，就不能不说到陈冠义。他是黑云公司的创立者，也是公司的总经理。公司的业务和管理都是他拿主意。陈冠义是中国台湾人。因此，黑云属于台资企业。

陈冠义出生于中国台湾，也在中国台湾长大。父亲有工厂，生意做得也不错。陈冠义从小生活在殷实的家境里。在成长的过程中，父亲言传身教，教会了他不少待人接物的道理。1999 年于明志科技大学工业设计系毕业后，陈冠义自觉已经长大成人，可以到社会上去闯一闯，于是，来到深圳的一家台资企业工作，主要从事手机配件的销售。

2004 年，手机配件产品利润丰厚，毛利可达 50%，陈冠义看准这个机会，决定自己创业，设厂生产手机配件产品。陈冠义将自己的想法告诉了父亲，父亲表示支持，但除了口头支持和精神鼓励，并未在经济上和资金上有所表示。喜欢独立的陈冠义尊重了父亲的意见，也无意寻求帮助。父亲的点头同意已经点燃了他的创业热情。于是，一个由台商投资的黑云精密工业有限公司（Ash Cloud）在深圳成立了。

当然，工厂起步并不轻松，也没有陈冠义想象的那么简单。市场方面既要稳住老客户又要争取新客户；公司内部有各种类型的员工，可能出现各种各样的情况，提出各种各样的要求；厂房、工商、税务、环保等，各个方面都有没完没了的事情等待安排处理。回忆起当时的情景，陈冠义深有感触，"光员工医疗保险，就有各种政策、医疗单位情况、员工情况等许多细节需要搞清楚，在搞清楚情况的基础上需要进一步通盘考虑，做出最优选择。公司最后决定为员工投综合医疗保险。这样，不但医药费可以报销，员工还可以选择医院，真正解除了员工医疗上的后顾之忧。"

面对各方面没有走上正轨的局面，公司显然需要更多的管理人员。但聘用管理人员需要钱，还需要时间磨合。公司起步初期，各方面都需要钱。陈冠义自己的积蓄有限，虽然已经尽可能精打细算，但还是捉襟见肘，时常入不敷出。为节约资金，陈冠义尽可能少聘管理人员，自己身兼数职，营销、人事、采购以及总务，都由他一人总揽。

虽然干劲十足，但一个人的时间、精力有限，陈冠义越来越感觉力不从心，难以及时了解和处理公司各个方面的情况，对于问题经常出现延后知晓甚至耽误处理的情况，这让陈冠义很担心也很焦虑。有一次，公司发往欧洲一个经销商的货物出现差错，虽然经过紧急处理，保住了客户，但公司在经济上、名誉上都有不小的损失。这次教训使陈冠义意识到，管理资源不足是必须尽快解决的问题。

如何解决？最直接的办法还是增加管理人员。营销、人事、采购以及会计、财务等，似乎各个部门都有人员短缺问题，算下来是一笔巨大的开支。陈冠义想到了利用计算机提升管理效率的方式。在先前的公司工作时曾经听说过有 ERP 等管理系统，当时在公司管理中好像没起多大作用。是不是将这些管理系统运用得好可以提升管理效率？

陈冠义立即联系有关 ERP 供应厂家。然而从国内外若干 ERP 供应商那里获得的信息都不乐观。像黑云这样的生产企业要安装一套 ERP 系统，需要投资人民币 20 万～40 万元，还需要调试半年左右才能达到理想效果，后续每年还要花费不菲的维护费用。这些资金和时间的成本都令刚刚起步的黑云难以承受，陈冠义不得不打消了这个念头。

可是，问题并不会自行消失，公司上下的大小事务全靠自己还是管不过来，聘用管理人员和使用管理系统又负担不起时间和资金成本，这该如何是好？

2. 寻求突围

殷实家境中长大的陈冠义体会到前所未有的"缺钱"的感觉。

但他明白，这对于创业而言是再正常不过的情况，可以说属于在他决定"单挑"时设想的各种困难之内。陈冠义冷静分析了公司的外部环境和内部条件。公司的产品适销对路、毛利较高，这是基本情况。这意味着公司会在未来几年中有稳定的利润和现金流。有了这个基本条件，公司就有存活下去的意义和可能，只要坚持两三年，公司就会有可观的利润和现金留存。到时候，所有的难题都将随着时间的推移、公司盈利的增加而烟消云散。

想明白了这些，陈冠义毅然决然地决定不寻求"外援"。一方面，坚持公司以内部挖潜为主，人数有限的几个管理人员都是一人多任，充分发挥潜能；另一方面，陈冠义将公司的大小事务全面梳理，理清公司运营中各环节与各个支持部门的关系，制定合理的规章制度并在运行中及时调整、完善，以便公司在许多方面实现不需要管理的自动运转。

时间验证了陈冠义的决策。不到一年时间，公司上下井井有条，各方面运作顺畅，包括他自己在内的管理人员也不像原来那么手忙脚乱了。陈冠义由此得出一个结论：好的管理者不是能在同样的时间比别人处理更多的管理事务，而是能消灭管理事务。换言之，公司运营中需要管理者处理的事情越少，说明公司的管理者越有能力！

陈冠义喜欢思考。他不像开始创业时那么忙乱和劳累了，略有空闲也开始了新的思考。初涉管理，略有体会的他对别人如何管理企业产生了浓厚的兴趣，特别是跟他的企业一样的同属制造业企业的管理。除了经常实地拜访朋友的企业，他也从书上和互联网上了解世界各国成功企业的管理案例，还利用出国参观、开会、谈业务的机会实地参观日本和欧美发达国家等的企业，特别是制造业企业，并与企业管理者探讨企业管理的经验。

陈冠义发现，日本和欧美企业的工厂环境与国内企业有较大的反差。国内工厂经常是废品、废料堆积，地面污渍斑斑，空间狭小拥挤，噪声大到无法交谈，可能还经常散发各种难闻的气味；国外的工厂往往是窗明几净、宽敞明亮，基本没有噪声和空气污染。他看得越多，感触越深，心里越难平静。为什么国内那么多工厂"脏乱差"呢？难道说我们的管理者和工人就应该在那样"脏乱差"的环境中工作吗？显然不应该呀！

不知道是哪里来的灵感，也许是从小受家庭环境的熏陶，也许是中外对比引起了心中不平，陈冠义提出要建设"体面工厂"，要让我们的管理者和工人在体面的环境中工作。公司在创业初期，"体面工厂""体面环境"也许只能达到"初级阶段"的标准，但今天进到黑云的车间，"体面工厂""体面环境"已经达到相当的高度。

来到黑云的厂房，来访者都十分惊讶，干净、宽敞、舒适、明亮，现代化的厂房环境，基本与他们心目中欧美工厂的状况相符，很难相信是国内的工厂。从车间到办公室再到会议室都是窗明几净，感觉确实体现了陈冠义"体面工厂"的思想。在黑云公司，管理者根据工作需要都配备有苹果手机和电脑；车间生产线则装备了各种自动化设备、工作提示和记录用的看板，在体力和脑力方面，这些设备都有效地替代或协助了员工。三星液晶看板、iPad、自动传送带、无人运送车、机器手臂等，真正刷新了来访者对工厂的印象。

除了通过学习、思考改进管理水平，陈冠义也对管理系统产生了兴趣。他想，既然公司的财力还不允许他大手大脚外购管理系统，那可否土法上马，自己做出个"外购替代"。无论如何，这有助于践行自己的主张，即减少管理者的"处理行动"。

陈冠义属于行动派，既然一件事该做或值得尝试，那就开始。于是，2005年，黑云开始自主研发管理系统。陈冠义搜罗了大量关于管理信息系统、计算机语言、计算机编程等方面的书，一有空闲，就学习、钻研起来。然而，陈冠义毕竟不是这方面科班出身，刚开始有许多概念和关系都搞不清楚。为搞清楚一些问题，陈冠义急需向专业或内行的人请教。在人员条件不具备的情况下，陈冠义任命公司两位专业背景"沾边"的同事一起学习，针对公司的需要研发管理系统。

三个人一起学习，相互讨论，各种问题更容易搞清楚了；同时，由于是边学习边针对公司管理需求进行研发，他们也极大提升了学习和理解能力。

3. 首战告捷

功夫不负有心人。采用"八小时之外"学习与研发"二合一"模式，由陈冠义带领的三人团队苦战一年时间，到 2006 年，一个 Windows 平台上的管理系统初步成型。

虽然从专业角度看，这个系统还很粗糙，很多方面有待完善，但这个系统与外购系统相比，已经有一个无可比拟的优势——它绝对是为黑云量身定做的系统，而且融合了部分陈冠义的管理思想。由此也决定了黑云注定要走一条独特的数字化转型之路。与其他公司不同，黑云不是外购系统，不必对系统做调试、磨合，黑云公司的系统一开始就是公司或工厂管理的有机部分，然后由简单到复杂，模块和功能不断增加和完善。

对于企业数字化转型而言，这不是人人都走的大路，而是少有人走的小路。它对于当时的黑云而言，却是理想的选择、最优的选择，是实现数字化转型的"捷径"。

经过对公司内相关部门和岗位的演示和培训，2006 年 9 月，Windows 平台上的黑云管理系统第一代正式上线试用。几乎没遇到什么明显的阻力和障碍，采购、生产、销售、人事等部门的相关岗位人员都做出了正面反馈，纷纷表达了系统方便易懂、易于上手、能提升管理效率等类似的看法。显然这个自主研发的系统为公司贡献了正能量。从此，黑云的工厂运营从接单、生产、销售到出货均通过黑云管理系统进行管控。

初步成功坚定了陈冠义的信心。他坚信，在第一代基础上进一步开发升级，黑云一定可以建立有效的也是最佳的数字化管理系统。基于此，陈冠义认为，公司未来将最大限度地采用扁平化管理，不需要太多的管理层次，也不需要太多的管理人员。根据陈冠义的测算，由此节省的成本应该足够覆盖公司为管理系统开发所付出的成本。也就是说，黑云在数字化转型上的投资几乎从一开始就见到了实实在在的效益。

创业的艰辛磨炼了陈冠义精打细算的技能，也让他更懂得如何将钱用在刀刃上。公司没增加管理人员，新聘了两个系统研发人员，加强了公司的系统研发团队，而且新聘的两个研发人员依然不是科班出身。陈冠义很清楚公司需要人才，但也很清楚公司需要什么层次、什么类型的人才。他认为公司应该聘用最合适而不是最高级的人才。

初次接触，也许会感觉陈冠义这个人有点难以理解。他讲究体面，讲究品质，但又反对炫耀，反对排场。他讲究办公区和车间都窗明几净、整洁体面，但没有独立的办公室，也不用宽大的老板桌。有的公司的办公桌椅都是便宜货，甚至七扭八歪，但老板自己家里的家具非常高档、气派。陈冠义对此很不赞同。不仅如此，他还反对大吃大喝，也反对请客、送礼、拉关系。来访者无论多么德高望重，到了饭点，往往都是享用公司"标配"的盒饭。多次交谈后，来访者终于理解了陈冠义这种看似自相矛盾的观点和做法。

陈冠义认为，企业与政府、客户、媒体和研究机构，都应该有良好且光明正大的关系。有本事就体体面面做工厂，踏踏实实做企业，不要见别人赚钱就眼红心躁，也不要总想靠政府关系赚外快、赚快钱。有句话说，不靠政府靠市场。他认为，企业的可持续发展，不能靠政府也不能靠市场。在这个人们的生意经越念越好、商业嗅觉越来越灵的时代，不能指望抓到一种产品就一直能有丰厚的盈利，必须通过挖掘公司管理上的潜力才能获得持久的盈利。换言之，市场机会好的时候，泥沙俱下，什么企业都可以赚钱，但市场机会变差时，管理不过关的企业就难以盈利、难以维持，难免破产出局了。

从某种角度理解，也许会感觉陈冠义过于保守。比如，大多数人可能认为，要做企业，应该多与银行或其他金融机构联络，搞好关系。但他不喜欢与银行打交道，甚至也不愿意跟风险投资、私募投资等各种投资机构和金融机构打交道。他认为，这些想法和做法都有悖于踏踏实实做实业、本本分分做产品的传统价值观，也必然有损于一地或一国实业的长久成长和发展。这些想法也许与他的家训有关。无论这些观点和习惯的理由是什么，可以肯定的是，如果有更多的人有这样的想法，我们的社会将会在更少的法律法规强制、更少的政府管控的前提下自然而然地和谐发展。

陈冠义的这些思想和观念当然也体现在公司的管理中。比如，黑云很少去银行申请贷款。基本上，除了有少量对供应商的应付货款，公司很少有负债。对于趁市场供大于求之机以大欺小压榨供应商的做法，陈冠义很反感。在可行的情况下，黑云都会尽早支付供应商货款，甚至会预付货款。陈冠义坦言，企业通过供产销与外界形成共生共荣的生态系统，非要为自己（公司）的利益将供应商榨干，其实最终会于己不利。

4. 转战移动

2007 年 1 月 9 日，苹果公司在旧金山推出了 iPhone。2007 年的 iPhone 以"苹果重新定义了手机""这仅仅是个开始"作为广告词。

也许是一种巧合，黑云的内部管理系统"开始"基本与 iPhone 推出同步。在当年，也许没有多少人认真思考这个"开始"意味着什么。2010 年 6 月，iPhone 4 在美首发，以"再一次，改变一切"为广告词。此时已与 2007 年的情形大有不同，人们已经看到了互联网从固定端向移动端转移的趋势，相信智能手机真的会改变世界。在这些相信苹果会用手机改变世界的人中，也有陈冠义。

陈冠义结合公司正在研发的管理系统，对利用苹果手机改变黑云公司的管理做了多方位的分析与判断。将公司的管理系统从电脑转移到苹果手机上，显然有多方面的优势。工厂或车间管理与办公室管理的最大不同是，管理者需要经常在各车间、各工序中走走、看看、问问，了解设备和人员工作情况。电脑往往固定在某个桌面上。即便笔记本电脑较为轻薄，也不太适合携带和边走边看，更不方便边走边操作。手机另一个更明显的优势是，手机非常方便上网，无论远近都方便对话与操作，而电脑除了不方便随身携带，不方便随时随地对话与操作，还只适合在有线或有 Wifi 的环境中上网。

手机的优势促使陈冠义做出决定，以 iPhone 4 为平台，从黑云管理系统二代开始，将公司的管理系统转移到手机端，方便公司管理者随时随地知晓公司情况和车间情况，随时随地进行指挥和决策。于是公司开始聘用更多的研发人员。从 2011 年开始，黑云几乎年年增加研发人员。到 2019 年，黑云管理系统的研发人员已经增加到 15 人。同时，公司也采用送出去、请进来等多种方式学习提高研发能力。虽然团队中没有人是顶级名校的专业人才，但几年下来，团队成员个个都被打造成管理系统研发的精兵强将。

黑云基于苹果 iOS 的管理系统于 2012 年开始上线应用，工厂内不再需要固定安装的 PC 机。该系统集成了企业内所有流程和整个生产管理，黑云以最适合自己的方式实现了数字化转型。除了采购、生产、物流和质检以外，该管理系统还涵盖了人力资源、行政、财务、销售和培训等应用模块。使用智能手机或 iPad 便可随时随地收集和更新各类现场信息，例如当前订单规模，已完成生产的产品件数以及后续订单的产品件数等。

经过公司 IT 团队的研发努力，该管理系统不断迭代更新，越来越完善。以手机保护壳生产线为例，通过黑云的管理系统，整层楼的生产线连接起来，可以适应不同设计、不同批量、不同材料产品的加工生产。生产线每道工序旁边都安装有 iPad，可以输入和查看生产情况；利用二维码扫描来辨识产品序号、批号和工序；利用自动导向搬运车（AGV）来运送，跳过不需要的工序。如今，公司自主开发的黑云管理App，已成为公司管理层、车间、采购、业务、后勤以及大楼保安人员必备的工作平台。

正如陈冠义的判断，随着时间的推移，黑云的主营产品——手机保护套的市场越来越趋于饱和。大量后续进入的厂商瓜分并摊薄了利润。黑云不再容易接到大笔的订货。在经销商数量增加、订单增加的同时，每个经销商、每个订单的订货量大大下降。订单规模小意味着成本高，许多同行公司无法适应而被迫出局。但这种不利变化对黑云几乎毫无影响。黑云的管理系统正好可以自动处理这种产品品种多、单个订单件数少的情况。

不仅如此，在黑云管理系统全面导向 iOS 平台之后，由于管理和生产效率提升，公司员工人数从 600 多人压缩到 500 人左右，同时整体产能却提升 20％，管理效率提升 50％！在业内同行中，面对市场不利的情况，黑云具备了顶级的抗压能力，当然也就具有了顶级的盈利能力。在降低人工成本的同时，产能反倒提升，令业内同行羡慕。

5. 黑云理念

常言道，字如其人，文如其人，画如其人，曲如其人，等等，是说成功或高水平的艺术家会将自己的思想境界、精神追求幻化入作品中或通过其作品表现出来，各种形式的作品只是艺术家思想和精神的展示形式而已。其实，大而化之，有理想、有追求的人往往都是以某种形式在工作中实现或展示其思想和精神。

陈冠义想通过做好企业实现自己的理想和抱负。随着黑云管理系统一代一代地更新、完善，陈冠义越来越多地将理想和理念注入这个系统中。

陈冠义的核心理想和理念可以用体面制造业来概括。随着时间的推移，陈冠义的体面制造业有了更丰富、更系统化的内容。他反对只顾赚钱不顾其他的做法。他认为，黑云的产业规模虽小，但要坚持做行业或社会的表率。以可持续发展的信念，启发制造业同业、客户、供应商、员工，共同打造体面制造业。

按照陈冠义的理解，体面工厂和体面制造业不仅仅体现在企业和工厂内部，也包括对外与政府和社会关系方面的光明正大和体面经营。"国内制造业还是存在不公平竞争、恶性竞争，也存在欺骗、造假、偷税漏税的情况。如果开工厂只当作发家致富的跳板，中国制造业就没戏了。""国内土地租金一直涨，人工工资被迫也必须一直涨。这并不一定是坏事，从某种角度看可能也是好事，那些想靠廉价劳动力，进行无脑经营的企业都不得不在管理和技术方面挖潜，创造性地控制成本，包括通过生产能力外移进行成本控制。""我坚信黑云在促进我国制造业转型方面可以发挥至关重要的作用。黑云的产业规模虽小，但一直有心做社会的表率。将可持续发展的信念灌注到企业生产、经营的方方面面。力图对制造业同业、客户、供应商、员工有启发和借鉴作用。"

在深入访谈过程中，确实在方方面面感受到黑云的绿色和可持续发展理念。从一般意义上讲，黑云采用管理系统软件及智能化设备的目的就是在保证产品质量的情况下，减少资源浪费，压缩生产成本，最终以价格优势获得客户的认可和信赖。

黑云（通过其管理系统）最大限度地节约，减少整个价值链中的浪费，并且将这种思想和追求落到实处。例如，通过严谨的物料管控避免最直接的浪费，将物料报废率压低到0.08%，生产报废率压低到0.12%。例如，避免供应商过度包装，包括原材料和产品在运输过程中的过度包装，并主动实行包装材料的回收再利用；同时，避免因劣质包装材料产生的额外消耗；通过保持设备优化，养成良好的生产作业习惯以实现节约。

黑云也尽可能减少甚至避免无谓的社交应酬。具体落实措施包括：黑云拒绝任何不正当的生意关系，对于请客送礼、行贿受贿采取零容忍政策；黑云发自内心地尊重供应商，尊重员工，追求平等对待客户与供应商，一同发展。"我想要证明，按部就班，不靠裙带关系，不吃饭送礼，也可以把公司经营好。"

按照陈冠义的思想和理念，黑云全力打造安全健康的工作环境。具体落实措施包括：黑云（通过其管理系统）确保员工信息畅通；公司内部实行透明的薪资制度；与员工分享传递黑云的价值观；用最大的善意来消除员工间的不信任。基于此，黑云不在防止作弊上浪费资源，而是与员工建立有基础的信任，不做无谓的管理规定。

陈冠义深有体会地说，"运营企业最大的成本就在这里。如果员工之间明争暗斗、钩心斗角，员工与老板相互算计、员工阳奉阴违，老板忙于对员工监督、检查、奖励、惩罚，甚至解聘、招聘，这将'内耗'掉多少有价值的时间和多少企业资源。老板也好，员工也好，还能剩余多少时间和精力用到公司运营的正事上呢？"

陈冠义认为，黑云就是要坚持和传播这种价值观。陈冠义认为这是黑云的使命。他不但要在公司内部贯彻这种思想和理念，还要透过黑云开放日向社会各界分享黑云的想法。无论企业将来能否做大，无论处于顺境还是逆境，陈冠义都不会妥协。

在黑云，人力资源管理极为简化，没有严苛的厂规厂纪，没有频繁的考核奖惩，人员流动和招聘都不常有。黑云几乎不需要招工，当业务增加需要更多的工人时，靠在岗工人推荐介绍即可满足需要。陈冠义很少说高大上的"愿景、目标、战略和公司文化"，公司也没有"以厂为家"之类的宣传教育，但工人对公司有自然而然的归属感和依赖感——这在某种程度上就是"家"的感觉吧。

还有一个细节也许值得玩味，黑云给工人们定制了优衣库的工服，但没有规定工人上班必须穿工服，工人可以随意穿自己喜欢的衣服；进车间也不需要穿鞋套，也没有保持车间整洁之类的规定。但陈冠义自信地讲，环境造就人。人在脏乱差的地方会随手丢弃垃圾，但在整洁的候机大楼中不会。黑云车间的环境可以与候机大楼媲美，他相信在这样的环境中，工人会自觉保持地面和生产线的整洁。当然，陈冠义的看法在黑云的车间得到了充分的印证：每个到访过黑云的人都对车间的干净整洁印象深刻、赞赏有加。

6. 黑云风采

随着时间的推移，黑云的管理系统越来越完善。智能手机在陈冠义手中，就像金箍棒拿在孙悟空手里，可以指哪打哪，可以飞天量地，可以舞得天旋地转。陈冠义拿着他装有自行研发的管理系统的手机，不无得意地说，"这是世界上性价比最高的设备，可以指挥千军万马，可以应付千变万化，一切尽在掌握。"那神情，让人感觉是武士在夸自己的宝刀，是将军在夸自己的战马。

手机配件产品的竞争使行业整体毛利持续下降。在领先同行的情况下，黑云的营收毛利率维持在10％以上，而且有逆势上升的趋势。同时，黑云靠增加业务量维持盈利规模的稳步增加。近年来，黑云员工人数稳定在490人左右，每年卖出约3 500万个手机壳，年主营业务规模约3亿元人民币，其中95％的营业收入来自欧洲的手机配件经销商。

随着业务和收入稳定、企业各方面走上有序发展的轨道，陈冠义发现，他对管理系统开发产生了浓厚兴趣，他每天都花大量时间思考和探讨这方面的问题。对于自主研发、用起来得心应手的管理系统，他有了精益求精、尽善尽美的追求。于是，公司先后派出多名IT工程师到北京学习移动端App的开发技术。借助知识的更新，研发团队进一步完善已经更新多版的黑云管理系统App，将业务、采购、品检、仓库、制造、生产线流程等进一步垂直整合，通过改进使操作界面更直观方便。

作为数字化转型的一部分，黑云也努力推进生产的自动化升级，运用传感器实现机器与机器之间的对话。人与机器之间则透过数据传递，经过云端进行数据和指令的实时传输。比如，组装线旁边的平板电脑，实时显示包装内填充物的状况；生产线旁边的液晶看板，清晰显示每道工序的运行状况。管理者与员工虽然没有见面，但如同他们就在员工身边。这样，信息可以充分实时共享，管理者能及时发现问题，便捷、有效地进行管理决策和执行。

管理系统属于管理信息化，与之相关的是生产自动化。从某种意义上讲，管理信息化节省了管理者的劳动，生产自动化则可节省生产工人的劳动。在我国劳动力成本逐步上升，低成本优势逐渐消失的情况下，管理信息化和生产自动化是降低产品成本、提升竞争优势的关键。在这里，需要思考也值得探讨的问题是，管理信息化和生产自动化之间是什么关系；再扩展一点，管理信息化和生产自动化以及人工成本三者之间是什么关系。陈冠义对此有长久的思考。

陈冠义喜欢满负荷工作，做事喜欢一举两得或一举多得。黑云起步阶段主要为相关 OEM 工厂提供装配、包装和交付服务。这在手机配件高毛利时期还有利润和生存空间，但随着市场趋于成熟，这样做显然不是长久之计。为获得可持续发展和利润，陈冠义毅然决定，改变业内"配角"的定位，进入注塑成型领域，担当产品生产的"主角"。不仅如此，陈冠义还想后来居上，通过买入最先进、最自动化的设备，借机实现"弯道超车"。

基于当时公司的条件，陈冠义判断，要达到理想的结果，需要两样东西：可靠且精确的高端机器和卓越的技术支持。俗话说，吉人自有天相。一个偶然的机会，陈冠义了解到有一家叫阿博格（Arburg）的德国公司有这种实力。于是，2016 年 6 月陈冠义访问 Arburg 总部，11 月便在公司安装了首台机器。从此，黑云有了注塑成型车间。随后，黑云又从 Arburg 采购了十台 Allrounder 注塑机。借助 Arburg 的专业培训，公司工人在最短时间内学习了注塑成型、模具技术和材料特性等基本知识和基本操作，可以在 Allrounder 注塑机上安装模具，在 Selogica 控制系统中设置工艺参数。Arburg 公司的技术人员每周会有一两天到现场帮助黑云分析产品缺陷并优化注塑成型工艺。

目前，黑云安装了 32 台全自动的 Allrounder 注塑机，每天可生产 35 000 件手机壳。就这样，借助 Arburg 的高端设备和技术以及自身的选择和努力，黑云有了业内领先的注塑成型车间。进入黑云的生产车间，令人有置身高科技公司的感觉。

正如注塑成型车间的设立，黑云十分注重引进高科技生产设备，黑云工厂的设备全部采用欧美原产的业内领先设备。更重要的是，黑云往往对采购的设备再进行改装设计，并自行撰写程序开发，将先进的传感技术融入设备中，二次改造后的设备成为适应黑云生产线的智能化设备，如生产线旁的自动搬运车，可以自动感应操作指令，在生产线之间移动，节省不少人力和时间成本；机器手臂、射频识别（RFID）等数字化工具和技术运用在工厂也十分普遍，RFID插入式集装箱上面都有唯一的二维码，可以优化对仓库产品的控制，确保仓库里的全部产品都能准确跟踪，实现对仓库的可视化管理。

未来工厂采用的智能设备将嵌入越来越多的传感器，这是实现机器与机器、机器与人沟通的基础。黑云在这方面进行了创新尝试。机器手臂可以代替部分人工，根据指令抓取所需材料；工人通过液晶显示屏，随时都知道需要做什么；安装在各生产线站端的平板电脑可以实时显示关于接收货物、来料质量控制（IQC）、生产程序、发货信息等各个环节的信息，供各个线的主管及时做工作安排调整。可以看出，在黑云公司，自动化和信息化以及人工实现了有效配合，相辅相成。

自动化和信息化都是智能制造的重要部分，黑云的管理系统助力管理的数字化和信息化，先进的自动设备则助力生产的自动化，而信息化和自动化都是陈冠义体面工厂的具体体现。实际上，因为处于一线，需要讲究实效，黑云从一开始就注意到了自动化与数字化的关系，注意两者的融合。

目前的企业信息化或数字化往往落实到若干信息系统中，如企业资源规划（ERP）、供应链管理（SCM）、客户关系管理（CRM）等。工业3.0时代，做得好的工厂已经通过制造执行系统（MES）连通起来，而业务部门全部通过 ERP 连通起来了。但问题是信息化与自动化没有进行融合，各个系统之间没有实现连接，包括设计、制造、采购、办公等系统都相互隔离，最终形成一个个的信息孤岛；各系统的信息不对称，导致资源的浪费和时间延误。久而久之，系统信息与实际情况就会出现大的偏差。

黑云自主开发的管理系统 App 从开始就注意到并避免了这样的问题。可以说，黑云的管理系统是一款集 MES、ERP 及其他 IT 系统为一体的综合管理系统，使业务、采购、品检、仓库、制造、生产线流程及物流等垂直整合到一个信息流程系统中，改变了过去自动化与信息化系统各自封闭、相互隔离的情况，避免了数据孤岛问题。可以说，黑云的管理系统代表了信息化与自动化相互融合的方向，除了在知名度和品牌上的劣势之外，在功能和方便性方面，完全不亚于目前许多知名的管理系统。

黑云管理系统实现各个模块信息的实时对接，同时提升了管理和车间工作效率，减少了实体资源的浪费，也节约了时间成本，使工作成果更为透明。自动化和传感器之间的联结，让机器与机器之间对话，人与机器之间则通过数据传递，经过云端紧密相连。通过系统各个模块的功能，人们可以随时随地查看各部门信息，也方便及时传达指令和沟通，使运营有效便捷。现在，黑云每周都会根据现场工作情况来更新公司的管理 App，持续优化系统。黑云依靠数字化转型向智慧工厂、智慧办公迈进，管理层面需要的数据都通过设备的智能化更新，再通过物联网相关技术与黑云管理 App 相连，现在工厂厂房、办公室的水电消耗数据都可以实现每小时更新，方便在手机 App 上实时查询。

随着管理系统越来越完善，公司内部可以实现充分的数据共享。依靠智能手机、平板电脑等提供的实时可视讯息，公司简化了管理层级，提升了决策效率，也为公司带来了可观的效益。公司整体运营产值自 2011 年以来提升了 20%～30%。正如陈冠义所说，"大部分中国企业都要承受生产损失、失误、废品、沟通和生产故障、仓库管理不当等问题……我们的成功源于非常好的控制。"不仅如此,"因为没有信息孤岛……彻底透明化意味着没有秘密也没有争权夺利。"在黑云公司,每个人都能实时看到数据,所有人都能及时调整计划。

不妨分别看看黑云的管理和生产的具体过程。

黑云管理层依照员工的职责配备了相应的智能设备,管理层绝大部分工作都是通过其管理系统自动完成的。员工上下班打卡记录考勤,只需用员工证或者手机(每位员工都有专属的 QR Code)在打卡机(iPad)前一扫即可完成打卡。联机黑云 ERP,经理们就可知道当天应到人数、实到人数、请假人数、上班正常和异常人数。需要的话,还可以查看员工在哪打卡、目前的位置(厂内哪一栋哪一层楼)。员工可以用黑云 ERP 查看工作安排,遇有突发情况(生病等)可以及时告知或请假,也能快速查询到每月薪资等信息;对于工作记录包括打卡信息可以检查确认,有疑问可在系统中提出申议。

黑云管理 App 涵盖生产、后勤、人事、财务、营销等全方位的公司事务。公司的订单、生产进程,按日、按月、按年的产量、收入、利润以及税收等管理层所需要的数据,都可以方便地查询、分类和归总,并从多种角度做出分析。与陈冠义面谈时,笔者曾经好奇地问,可不可以看看公司的资产负债表、利润表等财务报表。陈冠义很自信地问,"您要看哪一年的,今年以来到今天的,还是今年上半年的?您说要看哪个,我都可以随时翻出来。因为我们的数据都是实时的。只有实时的数据才有决策意义;也只有实时数据,才能保证数据的真实性,因为它排除了人工干预更改时间。"笔者这才意识到,"上市公司基础信息完备,而中小企业基础信息缺乏"在黑云这里不成立。黑云虽然不是上市公司,也算不上大公司,但其基本信息比上市公司还要完备。

打卡上班后，员工都前往生产线。在生产线的各个工位，都安装有实时显示面板，或者方便实时查询的平板电脑。员工到工位刷卡，即可在眼前的显示面板或身边的屏幕上看到个人信息。点击相应图标，即可知道自己当天的工作内容。比如，收到零件供应商的货之后，负责生产线第一站的全检员工，需要开箱确认货物是否正确；检查方法会及时显示在工位的显示屏上，提供实时的直观指导。第一道检查之后，点按身旁的分配按钮，货物就自动被传送到产品线，进行下一道检验。在黑云的生产过程中，除了出货工位的员工之外，其他岗位员工几乎都不需要人工搬箱，产品移送都由自动输送带完成。

在完成质量检验后，生产线员工按照标准作业程序（SOP）将货物按照规定分装到标准箱①中。与此同时，系统会自动产生二维码贴纸，作业员将条形码贴纸贴在标准箱的指定位置。点按按钮，这项产品就完成验收入库。在黑云 App 中，仓库现有货物会随着新入库货物的完成实时进行数据更新。

零件货物入库之后，如果手机 App 上接到组装订单，负责人员就要备货并将零件货物送到相应生产线。然后车间主管做相应分配工作，包括分配人员、要组装的产品，还有产品最终装箱的输送路线等。进而就切换生产线开始按照标准程序进行组装，组装完成后是产品装箱。装箱完成后，随着自动输送带运送到电子秤测量重量；如果重量不超过允许的误差范围，系统就自动为货箱喷上专属的二维码，并自动往出货端输送；如果重量超过允许误差，则会送到 NG（not good）位置，人工纠错并重新进入检查环节。

在黑云的货品仓库，每辆推车都有专属的二维码。员工将装箱的

---

① 工厂内的运送箱都从德国采购，其规格标准化，方便机械手臂搬运。

货物放置在推车上后，就意味着它们等候出货。出货员工扫描读取箱子二维码，便知货物发往何处经销厂商。在最后封箱产品线中，员工还会再次读取货品箱上的二维码来确认信息。如果发现有不属于此张出货单的货品箱，系统会即刻发出声音提示。由此杜绝了出货错误的情况。

其他管理和生产环节也都有类似的设置。在可能出错的步骤都有看板或 iPad 设置的防错提示，全面防堵出错机会。在操作复杂的地方，抬起头就能看见标准作业程序。厂区内采用近 300 台装有黑云 App 的设备。可以说，黑云管理 App 与公司各个岗位的员工配合紧密，全面提升了员工工作和生产的效率，大大降低了员工决策和操作失误，将残次品率降到最低。

在陈冠义看来，许多人误解了自动化。自动化也好，数字化也好，都是手段；减少生产制造中的损耗，甚至消灭内耗，才是目的。黑云的这套生产线，按陈冠义的说法，更多的还是人工作业，并不是完全自动化，但生产效率是业内最高的。实际上，手机套产品利润率持续下滑，许多厂家已经倒闭。在这种情况下，黑云仍然能维持同行羡慕的高毛利，可以说，既得益于其独有的管理系统，又不完全是这样。

表 1 反映了黑云基于资产、收入等情况计算的盈利情况。表 2 反映了黑云资产、收入及利润的增长情况。图 1 和图 2 是基于表 1 和表 2 的数据绘制的，它们更直观地展现黑云近年来优秀的财务表现。

表 1　黑云公司的盈利性（％）

	2015 年	2016 年	2017 年	2018 年	2019 年
毛利率	13.6	15.1	16.9	18.1	24.1
净利率	0.7	3.3	1.3	5.9	10.2
总资产利润率	1.6	7.8	2.5	7.9	12.3
净资产利润率	4.5	18.0	5.3	18.1	21.5

表 2 黑云公司的增长性　　　　　　　　　　单位：元

	2015 年	2016 年	2017 年	2018 年	2019 年
净资产	23 223 763	43 852 640	50 205 543	61 364 483	94 984 669
总资产	65 429 465	100 918 967	107 579 658	140 929 877	166 228 619
营业收入	142 423 119	237 223 857	199 150 912	189 267 527	199 354 499
毛利润	19 322 472	35 922 145	33 692 552	34 284 919	47 956 451
净利润	1 047 819	7 888 877	2 655 902	11 120 336	20 422 301

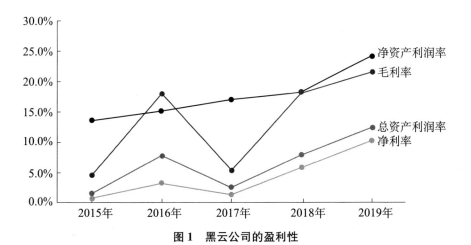

图 1　黑云公司的盈利性

图 2　黑云公司的增长性

可以看出，黑云不仅多年保持较高的毛利率、净利率以及总资产利润率和净资产利润率，而且在资产保持高速增长的同时，净利润增长更快，这说明黑云的增长和盈利不仅仅是几年内的偶然现象，而是伴随着资产质量和盈利质量的改善，具有增长和盈利潜力。

7. 路在何方

黑云十多年来的努力打下了两个基础：一个是稳定发展的业务；一个是方便完善的管理系统。陈冠义一贯保持平等、开放的态度，愿意与业内和管理同仁交流探讨管理经验。黑云设立开放日也是这种想法。如今开放日接待的制造业公司已不在少数，许多公司参观黑云后由衷赞叹，也希望黑云能帮助它们优化公司的作业流程，使它们复制成功的经验。

其实，陈冠义早有这样的想法。一来是公司已经走上正轨，管理和业务都有条不紊地进行，而且有相当的"自动性"；运营和管理上游刃有余。二来是公司有独有的管理系统，这样的系统正好可以满足众多中小制造业企业的需求。从交谈中，陈冠义了解到有不少公司像他当年一样处境艰难。过上"好日子"的他没有忘记当年的艰难。思前想后，陈冠义毅然决定，免费将黑云多年自主研发的管理系统提供给需要的中小企业使用。

陈冠义将这个想法告诉了公司的管理层，得到大家的赞同。于是，在每个开放日，陈冠义都会向来访者说明黑云免费提供管理系统。陈冠义也注意听取来访者的问题和建议，以便改进其管理系统，使其适用于更多的制造业公司。陈冠义感觉，如果能借此帮其他公司一把，黑云系统就有更大的价值。这比赚到钱更让他兴奋。

陈冠义认为，做企业也好，做老板也好，都应该有利他思想，这样赚钱才有意义，企业才能长久。其实，黑云已经将管理 App 向自己的外围企业推广了。现在，黑云的供货商、经销商，都通过黑云的微信公众号与黑云交易。经销商从微信公众号下单，黑云 App 即时收到信息，同时自动将新订单归入公司订单列表。出货时，通过黑云 App 实时向经销商发出提醒信息。可以说，外围厂商已经享受到黑云 App 的便利和效率。

"科技并不是我们的最终目的，它恰恰是我们能够赠送给员工们的礼物，一份能够改善员工们工作、生活环境的礼物。我们也希望将这份礼物带给更多的工人，不仅仅是黑云的工人，也让其他国内工厂的员工可以享受完善管理带来的好处。"

陈冠义发现，多数中小企业都能理解他的一片好意和良苦用心，不少人对他的想法和做法表示赞同和感激。然而，"领情"并付诸行动的企业少之又少。他感到有点意外。当年他左右为难时，如果有人送他管理系统给他免费使用，他一定如获至宝，感激涕零，可是如今的创业企业、中小企业似乎对他的管理系统没有真正的兴趣。

陈冠义开始很是纳闷，百思不解。后来，通过各种方式，接触了各种企业，包括管理系统提供商之后，陈冠义慢慢明白了，其实，多数潜在用户都跟他当年一样，对管理系统知之不多，甚至一无所知。时过境迁，外界环境与当年大不一样。

众多潜在的企业用户不但不了解管理系统，甚至也没有了解的愿望。这些潜在的企业用户面对的不是管理数字化的教育宣传和知识普及，而是众多软件商的宣传和推销。在众多供应商"围攻"的情况下，他们基本完全没有辨别和选择能力。

与此同时，某些潜在企业用户的确面临业务和管理方面更紧急的事务，比如，业务稀少或毛利太低，不足以支撑公司未来的生存与发展。比如，企业现金流有问题，债务本息归还成为压力巨大的包袱，而且难以找到接续资金摆脱困境。

另外，有的企业畏惧数字化过程中的阵痛，或者担心企业无法推行适应数字化的变革。其实，现在回头想一下，当年陈冠义决定研发和应用管理系统的确也需要一定的胆识与魄力。陈冠义之所以能痛下决心，与他一贯从长计议有关。

8. 尾声

黑云的历史还不长，事业才刚刚起步，总结黑云的经验也许为时尚早。本文以上较为详细地讲述了黑云的创业和数字化转型之路。相信读者会有自己的发现和结论，在此不做多余的评论与阐述。就转述一段陈冠义的原话吧：

> 从 2004 年 6 月黑云开业的那天，我就不断地想黑云会以什么样的方式结束……当我看到日本、德国的众多优秀企业，可以在坚定的信念中一代代传承下去时，我知道我做的还远远不够。只有持续反省，持续改善，黑云才有更好的明天！

03

第 3 篇

服务型企业：千人千面新体验

导　读

　　近年来，服务业在经济社会发展中的地位和作用日益提升，自 2013 年开始，我国已成为全球第二大服务业国家。就服务业的发展现状而言，随着数字经济的不断发展以及大数据、人工智能、物联网等数字技术的普及和应用，近年来服务业发生了许多变化和调整，其内部结构整体向高级化方向发展，具体表现在以批发零售、交通运输、仓储等为代表的传统服务业的比重持续下降，信息传输、软件和信息技术服务业、租赁和商务服务业、科学研究和技术服务业、公共管理、社会保障和社会组织等快速发展，现代服务业占比上升。

　　当前，传统服务业面临着更加激烈的生存竞争，原有的经营模式已无法适应现有的发展形势，需要企业管理者敏锐地察觉市场环境变化，用现代化的新技术、新业态和新服务方式改造传统服务业，创造需求，引导消费，向社会提供高附加值、高层次、知识型的新型服务，以数字化转型赋能未来发展；对于已有的现代服务业，如何紧随数字化发展的趋势以维持企业核心竞争力是管理层需要关注的重点问题。尽管目前许多服务型企业都在积极地寻求数字化转型方案，现代服务业的比重也在逐年提高，但由于经验、专业知识等的匮乏以及一些外在因素冲击，如新冠疫情，服务型企业的数字化转型之路在强调"质"的同时在"效"上也遇到了新的挑战，如何高效、实时地进行数字化转型是当前许多服务型企业共同关注的问题。

2015 年，服务业在我国经济总量中的比重首次超过 50%，伴随服务业的比重持续上升，中国进入了服务经济时代。传统服务业具有结果无形、生产消费同步、不可储存、个体差异的性质，这些性质使得服务业在经济学意义上有下述两个重要特征：一是没有规模经济；二是技术含量低。正是由于这两个特征，工业革命以来劳动生产率提高的主要因素都体现不到服务业上。

现阶段服务业发展的痛点是如何通过数字技术赋能服务生产、传播、交易、消费的全链条，重塑各消费场景和零售渠道，畅通产业链、供应链，提升各个环节的生产效率，产生规模经济，突破原有服务业的局限性，助推我国经济高质量发展。

目前，服务型企业的数字化转型，在消费个体、平台、技术基础、政策支持方面已有了一定的积累。

（1）消费个体方面。随着居民收入水平的持续提升，消费者对高品质服务的需求非常旺盛。新冠疫情也在一定程度上改变了人们的消费方式，线上服务由于其便捷、高效性等特征越来越受到消费者的青睐。因此，随着个体网络消费活跃度的提升，服务型企业数字化转型拥有巨大的潜在消费市场。

（2）平台方面。抖音、小红书、大众点评等社交平台的不断发展为服务型企业数字化转型提供了广阔的营销渠道。服务型企业可以通过与这些平台企业构建互利共赢的商业合作关系，实现私域流量和公域流量的协同效应。具体而言，平台企业可以在合作中获得私域流量以扩充自身的流量池，而服务型企业也可以借此吸收平台积累的公域流量将其私域化，形成公私域流量动态运营模式。

（3）技术基础方面。随着数字经济时代的到来，大数据、人工智能、物联网、5G 等技术不断发展，现代化基础设施不断完善，互联网普及率不断提升，为新服务场景的拓宽、线上服务供给的丰富提供了必要的技术基础。

（4）政策支持方面。2021年10月商务部同中央网信办、发展改革委发布了《"十四五"电子商务发展规划》，明确提出要"大力拓展文旅、医疗、教育、体育等便捷化线上服务应用""鼓励餐饮外卖、共享出行等领域商业模式创新和智能化升级"，为服务业的数字化改造提供了政策支持。

因此现阶段，消费个体、平台、技术基础、政策支持方面已为服务型企业数字化转型创造了良好的条件，服务型企业需要抓住数字化发展的机遇，利用数字技术对企业运营进行全方位、多角度和全链条的改造，实现数字化、网络化、智能化发展。

本篇选择了两个案例——圆心科技和宝岛眼镜。

（1）圆心科技。北京圆心科技集团股份有限公司是一家互联网医疗及用药管理领域的独角兽企业，专注于提供"医—药—险—患"相连接的整合型服务，旗下妙手医生、圆心大药房、圆心惠保等品牌享誉我国互联网医疗市场。圆心科技是现代服务业的典型代表，本案例以该公司在新冠疫情下数字化运营和在线服务能力提升的决策调整为背景，系统回顾了其业务模式创新和数字运营战略的建设历程和布局蓝图，向读者详细阐述了其数字战略和数字赋能的成效与作用机理，为现代服务型企业的数字化持续发展提供新思路。

（2）宝岛眼镜。宝岛眼镜作为传统服务零售业数字化转型的典型代表，其发展历程在一定程度上映射出中国零售业30年来的转型和创新轨迹，特别是近年来数字化转型的创新轨迹。因此，深入理解其追逐流量、打造获客能力、控制获客成本的底层逻辑，剖析其线上线下相融合的数字化流量运营模式，对于传统服务型企业数字化转型发展具有借鉴意义。

圆心科技：

互联网医院的数字赋能之路[①]

俞明轩　谷雨佳

北京圆心科技集团股份有限公司（简称圆心科技）是一家互联网医疗及用药管理领域的独角兽企业，专注于提供"医—药—险—患"相连接的整合型服务，旗下妙手医生、圆心大药房、圆心惠保等品牌享誉我国互联网医疗市场。本案例以圆心科技在新冠疫情下围绕公司数字化运营和在线服务能力提升的决策调整为背景，系统回顾了其业务模式创新和数字运营战略的建设历程和布局蓝图，详细阐述了其数字战略的成效和数字赋能的作用机理。通过该案例引发学生对企业数字化战略优化、数字化运营能力及在线服务能力提升等方面的深入思考，帮助学生更好地领悟数字战略的本质特征与赋能路径，为企业数字化转型实践提供借鉴与启示。

2020 年初，突如其来的新冠疫情对我国经济社会发展产生了远超预

① 本案例由中国人民大学商学院俞明轩、谷雨佳撰写，应企业保密的要求，对有关名称、数据等做了必要的掩饰性处理。特别感谢圆心科技联合创始人、金融本部董事长韦志强先生为本案例提供的帮助和支持。本案例只供课堂讨论之用，并无意暗示或说明某种管理行为是否有效。

期的系统性、结构性、深层性影响。新冠疫情突发之下，短期的生产停滞、需求放缓、物流紧缩和用工困难以及全国抗击疫情所面临的医疗资源紧张及衍生矛盾等问题给我国企业和医疗产业发展带来了不小的冲击与挑战。

圆心科技作为一家互联网医疗及用药管理领域的独角兽企业，面对短期艰巨的新冠疫情防控挑战和长期复杂的外部经济环境所带来的持续性影响和生存压力，应当如何提高自身的数字化运营能力和在线服务能力来攻坚克难？疫情当头，又是如何有效发挥企业优势，变危为机，为企业谋求发展机遇、为社会纾解艰难困局的？作为一家立足数字化的互联网医疗及用药管理企业，圆心科技用数字技术赋能未来发展，路在何方？

1. 共克时艰，数字战"疫"的沙场点兵

1.1 紧急疫情引发的路径争论

2020 年 1 月 20 日晚，圆心科技高管层线上会议紧急召开，公司创始人兼 CEO 何涛亲自主持。应当如何部署来应对这场充满不确定性的危机是此次线上紧急会议的核心议题。

靠什么战"疫"，与会高管各抒己见。长期负责渠道运维的 A 总认为，"眼下的中心工作是充分调动好线下资源，为即将到来的大型医疗资源缺口提供力所能及的供应"；新近加盟的 B 总则表达了自己的担忧："在这场难以预料的疫情面前，公司是缺乏经验的，以我们现有的规模和能力，是否足以应对疫情挑战，恐怕还需审慎评估，是否应当考虑迅速收缩业务，保住基本盘，这绝不是杞人忧天"；运营总监 C 总坦言：

"现在，人们对病毒的传染性、严重性及诊治都缺乏基本的认知，面对不确定性如此高的疫情，我们这家专注互联网医疗的企业能否真的发挥理想的作用？经过五年的发展，公司虽已步入正轨，但是我们的服务闭环还没有完善，这些困难不得不考虑啊……"

CEO何涛凝视着屏幕，认真倾听着每个人的意见。片刻后，深耕公司数字化多年的D总开始发言："是否应将抗击疫情的重心放在数字化上？及时捕捉疫情信息，挖掘和满足民众医疗及用药管理需求，运用公司已经掌握的数据，更好地配置所需的医疗资源，尽可能地满足医患需求，或许此次危机正是有效驱动公司'医—药—险—患'服务连接的实战机会，用现有的能力构建更大的服务体系。"D总的一席话将讨论引向了纵深，何涛也舒展了眉头，总结道："感谢各位同事的发言。其实，疫情对于圆心科技最大的要求，就是加快医疗服务互联网化和数字化线下门店直通药事服务的进程。五年来，我们持续耕耘以数字技术为基础的全新商业模式，构造以数字技术为核心的竞争优势。数字技术是我们的立足点，是我们的发展方向，我想，也更应当是此次我们抗击疫情的发力点！对疫情的认知和经济风险的不确定性诚然不可忽略，缺乏经验、规模有限、服务不完善的短板也确实存在，但我相信，在政府的引导和社会的支持下，发挥我们数字化和线上服务的优势，就一定能转危为机。"

何涛一锤定音，不但打消了同事们的顾虑和疑惑，更明确了圆心科技数字战"疫"的主攻方向。随后，与会高管一致决定将前期的临时工作小组升级为跨部门突击小组，搭建涉及内容、产品、技术、市场、运营、大数据等相关的团队，调动公司一切可以调动的数字化资源，以此为核心开展疫情冲击与挑战下公司发展业务、服务社会的紧急攻坚战。同时，成立由CEO何涛直接领导的疫情应急指挥部，正式开启公司抗击疫情的"战时状态"。

1.2 业务信息和服务内容

圆心科技成立于 2015 年，自成立以来，获得多个知名投资机构多轮累计十几亿元投资，是中国互联网医疗及用药管理领域的独角兽企业。

公司下设妙手医生、圆心大药房、朗拓健康、无界进修、圆心惠保五大业务板块（见图 1），整合医院、医生、患者和产业资源，逐步形成"医—药—险—患"相结合的服务闭环。

图 1　圆心科技五大业务品牌

1.3 一场数字化战略的沙场点兵

疫情当头，公司的反应和判断不可谓不迅速。疫情临时指挥部成立之后，产品技术和数字团队连夜开启了开发攻关项目。

CEO 何涛心里明白，这场疫情是对国家和社会的一次大考。对步入正轨、初具规模的这家互联网医疗及用药管理公司而言，同样是一场大考，考验公司在不确定性情形下商业模式和经营能力的韧性，更考验公司的数字化战略。对于数字战"疫"方向的笃定，既来源于何涛对于数字企业增长潜力看好的长远眼光，更源于他对公司实践多年的数字化战略的坚定信心。何涛暗下决心：疫情之下，要用数字化运营能力和线上服务优势带领企业突围，同时竭尽所能为国家纾困，向社会作贡献。

疫情当头，这是一次沙场点兵。

2. 铢积寸累，数字战略正当其时

疫情前，经过五年的砥砺发展，圆心科技已逐步成长为中国互联网医疗及用药管理领域的先驱和标杆，其快速增长的市场份额备受瞩目。2019 年，旗下互联网医疗品牌妙手医生入选《纽约时报》和 CB In-sights 同时发布的全球未来独角兽 50 强企业榜单，10 月，妙手医生跻身胡润全球独角兽榜单；同年，圆心科技加入中国医药物资协会并担任副会长单位，更荣获安永-复旦 2019 最具潜力企业等奖项。

五年的铢积寸累，公司的商业模式趋于完整，战略构架也逐渐清晰，以数字赋能为核心的公司经营战略正当其时，见图 2。

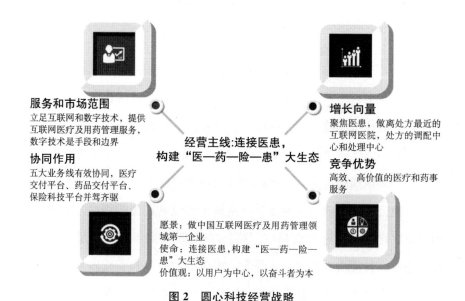

服务和市场范围
立足互联网和数字技术，提供互联网医疗及用药管理服务，数字技术是手段和边界

协同作用
五大业务线有效协同，医疗交付平台、药品交付平台、保险科技平台并驾齐驱

经营主线：连接医患，构建"医—药—险—患"大生态

增长向量
聚焦医患，做离处方最近的互联网医院，处方的调配中心和处理中心

竞争优势
高效、高价值的医疗和药事服务

愿景：做中国互联网医疗及用药管理领域第一企业
使命：连接医患，构建"医—药—险—患"大生态
价值观：以用户为中心，以奋斗者为本

图 2　圆心科技经营战略

2.1 解决医患中的"从前慢"

曾几何时，中国人感觉生活中最"慢"的经历，变成了在医院中度过的时间了。挂号问诊、划价缴费、复查取药，无不需要患者在长队中煎熬地挪步，在焦急等待中度过。诊疗低效和医患矛盾是一个长期存在的问题。

五年前，在何涛家人一次问诊就医的过程中，同样的问题也困扰着何涛。经观察，他发现问题的关键在于更好地连接医患来提升就医效率。深耕互联网和医疗产业十余年的他，开始尝试用互联网思维解决医患中"慢"的问题。

正是借由这个契机，何涛带领团队以互联网和数字技术为依托，将"连接医患"作为经营主线和使命，逐步探索出一条连接"医—药—险—患"的全新道路。

2.2 做离处方最近的互联网医院

早先，"互联网＋医疗"的商业模式基本是围绕着诊前咨询展开的，主要有非互动医疗健康信息服务模式、互动医疗健康信息服务模式（即在线问诊模式）、医药电商模式、健康监测管理模式、医疗服务流程优化模式等。患者与医生的交互并不多，"线上医疗"也大多是为患者提供就医前的预判和建议。医患乃至整个产业中资源交互的不频繁，使得产业内难以形成有效的价值链并产生附加值，更无益于解决医疗供需矛盾和效率较低等问题。在线问诊咨询业务也鲜有创新突破余地，行业同质化严重；慢性病管理仍处于探索初期，行业应用和商业模式与用户需求不能有效对接。早期互联网医疗主要模式见表1。

表 1　早期主要互联网医疗企业及相关业务模式

排名	名称	主营业务	主要模式
1	微医	在线问诊、预约挂号、健康咨询	医疗服务流程优化模式
2	平安好医生	在线诊疗服务	在线问诊模式
3	健康之路	就诊服务、移动健康管理	在线问诊模式
4	好大夫在线	医疗信息查询、咨询、转诊、分享	非互动医疗健康信息服务模式
5	春雨医生	用户自诊、健康咨询、医患互动	在线问诊模式
6	丁香园	医疗资源连接	非互动医疗健康信息服务模式
7	叮当快药	O2O 医药服务产品	医药电商模式

资料来源:《互联网周刊》&eNet 研究院 2018 互联网医疗排行榜。

　　为了找到互联网医疗中合适的医患交互点,何涛和团队在创业之初几经试水,终于洞悉了其中的"牛鼻子"——处方。

　　处方是医疗的核心,是沟通医患的桥梁,也是线上医疗发展的壁垒。患者通过诊断获得处方,在医院指定的药房根据处方拿药是传统医疗的基本模式。经过诊断获取处方,再根据处方拿药,再根据康复情况复诊等,整个过程中患者付出了较高的等待成本,医院也因为诊疗资源有限和流程复杂等,难以满足及时、精准、全程跟踪的诊疗需求,医事和药事服务机构特别是互联网医疗机构则因为流程的密闭性、信息的不对称性以及政策等原因难以参与其中分担压力。实际上,这其中的核心——处方也并非"千人千面",对于大量的普通疾病,处方具有极高的相似性和可满足性。那么,让处方和处方药物流入市场,而非单纯地从医院到患者,使得患者可以更方便地获得处方并凭借处方在市场中自主购药，既给患者提供了更多的选择空间，也为医患增加了更多便捷交互的可能，更能促进各方力量参与其中，提升沟通效率和诊疗便捷度。

事实上，为降低医疗费和药品流通成本，下降医院药占比是我国医改的重要目标。2015年，国务院在100个城市公立医院试点，力争用两年时间将医院药占比总体降到30％左右，2016年《深化医药卫生体制改革2016年重点工作任务》更明确提出"推进医药分开，禁止医院限制处方外流"。此情形下，常规处方药、慢性病药物的市场化有了较大的增长。

在"处方外流"的大背景下，将处方作为增长向量，做"离处方最近的互联网医院"、做"处方的调配和处理中心"，成了圆心科技最关键的战略抉择。

乘着公立医院药占比下降、医疗机构不得限制门诊患者凭处方自行购药、处方外流等相关改革的"东风"，圆心科技很快围绕处方完善了战略：旗下妙手医生作为线上中心和电商平台，提供线上科普、在线复诊、重大慢性病持续追踪和围绕电子处方的售药、送药O2O等服务，完成"医疗交付"。旗下圆心大药房则立足线下DTP药房，承接外流处方，实现药品交付，从而实现围绕处方，医生线上提供复诊建议、指导用药，患者上传检查结果、描述指标和症状的诊中、诊后病程跟踪管理，并通过电子处方提升购药的服务效果，逐步打造以数据为基础的"在线问诊－处方－药物配送"全流程智慧医疗服务。

目前，圆心科技已建立7大专业病种线的医患复诊及用药管理业务。妙手互联网医院注册签约专病医生累计达10万多名，圆心大药房凭借200多家院边店及DTP自营药房实现全国70多个城市，370多家三甲医院战略覆盖，初步完成全国药房网络布局，服务覆盖药品26 000多种（其中新特药300多种），见图3。

500 万
妙手互联网医院日访问量

200 +家
直营三甲院边店及DTP药房

370 家
线上线下覆盖三级医院医生

30 +个
建立医院处方共享平台

400 万
特药险保单管理数

100 000 +
互联网医院注册及签约医生数

66.5%
主治及以上级别医生数量

2 000 +
国内外药企合作数量

26 000 +
妙手体系服务药品数量

300 +种
新特药合作品种数量

图3　围绕处方的业务成果

2.3　数字技术是手段，也是边界

在医药分家的大背景下，圆心科技以用户为中心，构建离处方最近的"线上+线下"服务，连接医生端、患者端、药品端、保险端，打造"医—患—药—险"服务闭环，为患者提供高效、高价值的医疗服务和药事服务。

数字技术是实现上述服务的主要手段，也正是通过不断锤炼数字技术，推动各项业务不断深化，从而带来圆心科技数据增长，进而拓展发展空间，达到可持续发展目标。现今，公司已实现互联网技术全运用和数字化运营，从 App 和线上电商平台的运维，到业务数据的收集、分析、跟踪，再到线下药房、处方共享平台、保险数据的管理，乃至公司内部员工管理，都实现了数字化。2020 年初，总员工人数为 1 800 人的公司中专攻数字技术的团队就有 300 人之多，公司先后累计投入 2 亿元以上资金用作数字技术，通过数字技术实现"医疗交付平台、药品交付平台、保险科技平台"布局，这既是公司的增长极，又是关键的发力点。

对圆心科技而言，互联网和数字技术是手段，更是边界。CEO 何涛多次强调：医患连接是妙手医生的根，数字化的院边药房则是妙手医生的主干。

2.4　高效和高价值的医疗和药事服务

中国的互联网医疗始于 20 世纪 80 年代的远程医疗，随着时代、技术进步及政策的推动，过去几年，互联网医疗发展迅速，特别是自 2014 年中国互联网医疗爆发式增长以来，我国先后出现了非互动医疗健康信息服务、在线问诊、医药电商、健康监测管理、医疗服务流程优化等多种互联网医疗模式，为了在激烈的竞争中生存发展并立于不败，圆心科技坚持"以用户为中心、离患者最近"来保持核心竞争力。

妙手医生互联网医院利用技术手段简化工作流程，完善医生的多点执业。在圆心大药房线上线下用药管理平台中，结合处方共享平台进行精细化的用药和数据跟踪，同时在线下药房开创同城处方、同城配药服务，通过文字、视频和线下复诊等手段，提升看病用药和复诊的效率。以精进的数字技术来提升医疗和药事服务的价值和效率，是圆心科技打造竞争优势的不二法门。

2.5 打造聚合之势

五年来，在以何涛为首的团队的开拓下，圆心科技五大品牌各自进行了纵深拓展，每个业务线的专业度都有所提升，在数字化技术支撑下，各战略单元也发挥出协同效用。

"妙手医生"作为互联网医疗品牌，获得"互联网医院资质"，通过线上直播、短音视频、文章等形式输出可追溯到医生的在线科普内容；与圆心大药房建设成全国性的专业医患复诊平台和安全用药配药中心，通过互联网医疗服务能力，连接医生和患者，为线下药房提供在线复诊、线上科普、送药 O2O 等服务，围绕重、大、慢性病，进行持续的追踪，协助医生进行患者管理，为患者提供有价值的解决方案，实现专科专病的精细化管理和运营，建立了一套完整的诊后管理服务体系；更通过"圆心惠保"TPA 服务，连接医生端、患者端、药品端、保险端，打造"医—患—药—险"服务闭环。

圆心大药房作为药店连锁板块，在线上成立电商平台，满足用户的线上需求，为全方位、本地化处方患者提供服务，配合妙手互联网医院的线上医疗服务和处方能力，为患者提供送药上门等相关药事服务。

圆心惠保以综合型商业险服务供应机构为定位，集"特药服务、视频问诊、福利药品、理赔调查"于一体，针对重大疾病、慢性疾病等健康领域保险，以"保险＋医疗＋医药"专业能力为服务基础，为用户带来可靠的医疗和医药服务，为保险公司提供"产品定价、风险控制、用户获取和黏度"等一站式解决方案。

圆心朗拓以互联网技术为建设基础，以医院为建设主体，融合"互联网＋医疗健康"的各类增值服务，为医院搭建互联网医院及处方共享平台。

无界进修作为中国专业的管理提升与学科建设服务平台之一，致力于为医院的发展提供全面、系统的整体服务方案。以核心医院专家为龙头，以专病医联体为依托，整合和提炼各专科诊疗经验和技术方法，建立包括专家坐诊、医生进修、转诊/会诊等在内的管理与服务体系，全面提升专科（专病）医联体的运营品质，同时将中国顶级医院管理者的管理经验作为优秀案例输出，从而提高医院管理者的整体素质和竞争力。

在数字技术的基础上，各事业线相互协同，医疗交付平台、药品交付平台、保险科技平台并驾齐驱，在竞争中不断扩大领先优势，持续巩固公司经营战略的"护城河"。

3. 聚焦生态，以平台为核心的数字化商业模式

通过数字能力创新商业模式，无缝连接数字、物流、交易和客户体

验来提高组织运营效率和绩效，是圆心科技实施数字化战略的核心要义。相较于传统聚焦于成本和经验的数字化商业模式，何涛更希望圆心科技的数字化战略侧重于平台建设，侧重于产业生态、社区、电子市场和数字协同。

3.1 市场洞察：聚焦数字机遇

圆心科技能聚焦平台的数字化商业模式，源于对外部环境变化的敏锐洞察。互联网产业不断发展，国家宏观医疗政策的改革，为互联网医疗模式的创新提供了机遇。

在互联网医疗市场中，消费者主权和用户体验必须得到重视，数字化院边医疗建设可谓生逢其时，以此为基础的业务设计必须精准聚焦于数字机遇。

3.2 模式创新：聚力数字生态

把握数字机遇，以数字技术为手段聚力打造数字生态，是有别于传统聚焦成本和经验的数字化模式创新。

圆心科技的"医—药—险—患"正是通过子品牌的服务，完成数字化的生态闭环。各业务线协同配合，构建出"医疗交付平台""药品交付平台"和"保险科技平台"三大场景端平台，完成连接"医—药—险—患"的数字生态，见图4。

"医疗交付平台"连接用户、医生、医院和综合门诊。为医生提供线上接诊、患者管理、医生教育、电子处方及药品等专业服务；为符合条件的专科顶尖医生进行品牌宣传，通过内容传播、服务覆盖及奖项评选、个人专访等形式，结合权威媒体，让合作医生得到更广泛的认可、

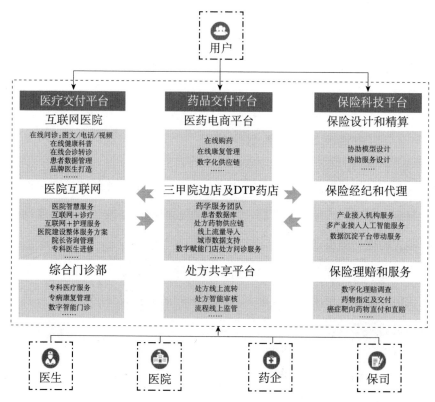

图4 三大场景端平台构建数字生态

个人品牌价值得以放大；以"无界进修"的渠道将中国顶级医院管理者的管理经验作为优秀案例输出；以"朗拓健康"的渠道进一步创新"医院智慧服务""互联网＋诊疗""互联网＋护理""互联网＋健康管理"等互联网医院解决方案。

"药品交付平台"连接用户、院边药店、共享平台和线上商城。通过自营药房进行数字化管理；针对重大疾病患者提供跟踪回访，保证用药安全；利用数字化技术开展沟通医学线和药学线的病程管理中心的数字管理；将互联网医院处方、ERP、CRM系统数据、城市数据、线上商城流量和在线处方、问诊服务导入院边药店，为线下药品交付提供数字化保障。同时，数字化管理线上商城，运维专业药品库的调拨与配送，开启药品新零售，利用数字化信息系统布局全国院边药店和专业药品库，实现同城 O2O 精准的药品咨询及销售服务，见图 5。

图 5　药品交付平台示意图

"保险科技平台"连接用户和保险设计、保险经纪人和保险代理人及保险服务。通过旗下圆心惠保搭建产品介入机构服务、多产业介入人工智能服务和数据沉淀服务，结合其他业务线完成特药服务、在线问诊、药品福利和理赔调查等，并利用专业和数据优势与保险公司开展协助模型设计、服务设计、远程诊疗、理赔调查、药物指定及交付等服务。

3.3 技术平台：夯实数字堡垒

成熟的数字化平台是实现上述数字化战略的基础。圆心科技一直将数字化平台的建立和完善看作公司整合和创新服务模式的核心。为加速数字化进程，公司对于数字技术平台进行了系统性的投入和研发，以夯实数字堡垒。

在技术层面，公司着力打造产业云平台并及时嵌入数字业务。自主研发核心算法，搭建数字基础平台，推进数字化应用，并不断将模式创新和业务设计嵌入数字平台，见图6。

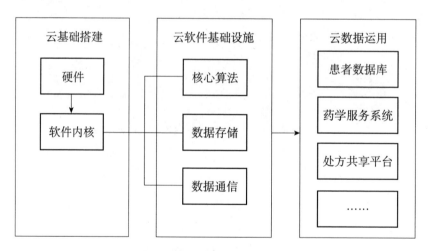

图6 产业云平台开发示意图

在数字技术应用层面，以处方共享平台为例，除了沟通医患、互联网医院及实体医院，保障全流程数据化、便捷化，圆心科技的数字技术团队更通过实名认证、电子签名等技术手段，保证线上就医、开方流程合法合规，患者用药前设置前置审方环节，审核通过后保障患者择药取药的自主权和配送的智能化，在整个处方外流、共享、流转环节通过数字化手段进行管理，做到数据可视，保障事中、事后监管可追溯、可查询，大大提高了处方共享平台的安全性、便捷性和可控性。截至目前，处方共享平台已与数十家医院和地方政府建立多维度合作，见图7。

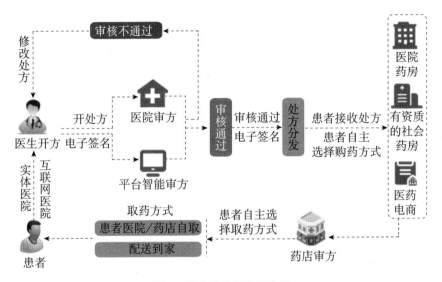

图7 处方共享平台示意图

自主研发的核心算法和业务高度匹配的技术平台为公司数字化战略的贯彻落实提供了坚实的保障，紧密结合商业模式和服务创新的数字技术巩固了公司的核心竞争力。

3.4 数字能力，赋能组织未来

除了数字技术，何涛还看重数字能力建设，用数字领导力布局未来。

长期以来，公司将培育组织数字化能力作为关键任务。在人才层面，一方面，壮大数字化人才规模，数字化人才占公司总员工数近1/5；另一方面，公司的关键岗位和人才布局都将数字化能力作为重点，同时将数字化能力提升纳入激励计划和员工的培训计划。在组织层面，公司设置了专门的数字化部门，在组织架构、决策行权、日常管理等方面给予充分的话语权，在内部管理上进行数字化赋能。在企业文化层面，公司决策层坚持"战略落地，文化生根"，力图在全企业形成注重数字化能力的观念与共识，以"每日影响 500 万以上用户的决心"，为建设数字中国、健康中国尽绵薄之力。

4. 数字战"疫"，在危机中打磨数字化战略韧性

疫情暴发的危急关头，圆心科技高管层在紧急线上会议中的争论和探讨厘清了疫情下公司的内部优势、劣势、来自外部环境的机会与威胁，也确定了"用引以见长的数字化纾困，谋求发展"的战"疫"策略。

在应急指挥部的统筹指挥下，围绕数字化战略的决策调整迅速铺开。几个月后，相关工作进展顺利，成效直观显著。

4.1 快速反应，快速迭代

面对不确定性，企业往往需要迅速识别风险并做出准确应变。2020年 1 月 20 日晚间，圆心科技紧急成立以 CEO 牵头的疫情应急指挥部并迅速启动紧急预案、协调资源。经过产品技术和数据团队连夜开发，1月 22 日凌晨，妙手医生疫情专题 1.0 版本上线。3 月 10 日晚间，疫情专题服务平台已迭代 120 余个版本，确保了企业在疫情期间的正常运转和抗击疫情工作的稳步推进。

4.2 就医咨询，远程指导

为满足发热病人、疑似病例、居家隔离人群就医咨询及隔离指导服

务需求，圆心科技充分利用互联网和数字技术开展服务，线上发热门诊自1月22日上线后，坚持7×24小时免费在线咨询，98％的咨询回复速度在3～5分钟之内。2月2日，妙手医生正式上线"免费心理咨询门诊"，截至3月15日晚，公司线上平台对接公益问诊共计1.5万名医生，服务总人次超100万，对于纾解疫情期间诊疗资源紧张做出了积极贡献。

4.3 连接医患，保障用药

为充分利用互联网和数字技术快速连接医患、提升就医效率，同时保障各类患者在疫情期间用药安全、便捷不受影响，圆心科技加快了医疗服务互联网化和数字化线下门店直通药事服务的进程。推出"互联网医院/在线问诊/科普平台＋线下无接触送药到家＋疫情保障险"的链条化服务。疫情暴发之初的危急关头，圆心大药房200多家院边店和DTP门店坚持开业，在保证员工安全的前提下提供同城免费送药服务，保障慢性病患者持续用药不断药。圆心大药房更携手"健康武汉"联合打造线上"武汉慢性病患者断药求助通道"，提供免费在线复诊续方、送药到家服务。

4.4 科学防控，助力战"疫"

在加强疫情科学防控宣传方面，疫情暴发初期，公司便联系并组织上百位专家通过文章、语音、视频、直播等方式，形成相关科普内容约7.5万个，文章在线阅读人次高达3.3亿；组织疫情健康防护直播14场，直播期间在线总访问量达125万人次。

4.5 关怀医护，勇担责任

2020年2月4日，圆心惠保联合恒安标准人寿推出新型冠状病毒保险——"医齐保"，在线免费赠送给妙手互联网医院的全国医生及家属。2月9日，圆心惠保联合容易保推出"安康保"，免费向全民赠送。几个月内，就有数万名医生及家属领取了赠险服务。此举对于关怀和保障医护人员及市民意义重大，充分彰显圆心惠保作为医疗企业主动承担社会责任。

5. 且歌且行，立足数字化战略砥砺前行

何涛在一次高管线上会议上说："疫情和危机，是对圆心科技数字能力的检阅。事实证明，五年数字化摸索是有意义的。疫情中，公司借数字化韧性奏响了一曲豪壮战歌。"

艰难和困苦总会过去。在2020年那个漫长的冬季，励志成为"互联网医疗及用药管理领域第一企业"的圆心科技经历了许多，收获了许多，对于未来何去何从，也坚定了许多。

在数字赋能的漫漫征途上，何涛带领公司以日进日新的姿态布局全新的发展篇章，将数字医疗服务模式创新与质量提升引入新的层次。到2021年底，公司已拥有264家药房、覆盖中国99个重点城市，实现医疗科技覆盖的医院达360家，同时管理超过2 500万份保单。连接患者、医生、医院、药企和保险的IT、数据体系等数字化基础设施建设如火如荼，以患者为中心的全病程服务日趋完善。2022年4月，圆心科技对旗下小程序"圆心健康"进行了一次重大升级：通过整合"妙手医生""圆心健康""圆心健康会员"3个小程序的主要内容，优化药品、科普、医生、医院一体化搜索功能，为用户提供更简洁的就医、用药、健康管理一站式服务体验。圆心惠保凭借在健康险特药服务领域的优势和价

值，在由新浪财经发起的"2022年全国惠民保评选"活动中获评"最佳惠民保特药服务商"，同时，圆心惠保提供海外特药服务的"北京普惠健康保""西湖益联保"则分别获评"年度创新惠民保产品""年度口碑惠民保产品"，这彰显了公司以"健康险＋健康管理""保险＋科技""保险＋特药"等差异化服务体系创新在助力健康险行业积极应对疫情冲击、服务民生福祉领域发挥了积极作用，获得了良好反响。

寒冬过去，春和景明。在坚持数字化战略砥砺前行的道路上，CEO何涛进行了更深入的思考和展望。

未来，何涛希望借助互联网AI、大数据、区块链等技术，进一步强化公司的数字化战略和能力，使圆心科技的各业务板块不断完善升级，最终建立起一家"离处方最近的互联网医院"。在这里，可以向患者提供咨询、就医、病程管理、处方、药品、保障、知识等服务，医生和患者之间、医院和患者之间、患者和患者之间、患者与保险之间、药厂与患者之间都能有更深刻的连接。随着业务专业度不断提高，"医—药—险—患"的内部连接能更立体、更坚实。

在建设数字中国的征途中，圆心科技看到了全新的产业布局中模式创新的价值和广阔的医疗服务市场中数字技术的增长动能，圆心科技正在不断推进着技术迭代和业务赋能。未来已来。这个被数字化战略赋能的互联网医疗及用药管理企业将会迎来一个怎样的明天？我们静待答案。

宝岛眼镜：

追随流量，25 年开店的底层逻辑[①]

刘向东　张　霞　米　壮

　　本案例描述了宝岛眼镜历时 25 年、在四个具有显著时代特征的阶段开设门店的故事。开店的位置在变、形式在变，但宝岛眼镜追逐流量、打造获客能力、控制获客成本的底层逻辑从未改变；线上线下的融合，无论是物理空间的实体门店，还是数字空间的私域用户，都要转化为高效的流量资源，最终实现获客成本的优化与控制。本案例希望见微知著，通过宝岛眼镜的开店故事反映中国零售业 30 年来的转型和创新轨迹，特别是近年来的数字化转型创新。

　　"To be or not to be, this is a question"，对加州大学伯克利分校哈斯商学院毕业生王智民而言，这是一句熟悉的台词，但作为宝岛眼镜的CEO，他就是那个哈姆雷特，他必须做出一个重大的抉择。

---

　　① 本案例由中国人民大学商学院刘向东、张霞、米壮撰写，成文于 2021 年，应企业保密的要求，对有关名称、数据等做了必要的掩饰性处理。本案例只供课堂讨论之用，并无意暗示或说明某种管理行为是否有效。

"2019 年之前我们其实已经遇到了死亡交叉！连续几年业绩稳定下滑，每年降 2～3 个百分点，可以找出至少 10 个理由来解释为什么没有完成目标；同时成本却在持续上升，下降的业绩曲线与上升的成本曲线相遇之处形成死亡交叉。情况不容乐观！"王智民回忆到。

宝岛眼镜 1981 年成立于中国台湾，1997 年在武汉开设了中国大陆第一家门店，目前在大陆已拥有近 1 100 家门店，遍布 100 多个城市，拥有 1 600 多名认证验光师，会员总数超过 3 000 万，是中国最大的眼镜零售直营连锁品牌。

我也不再跟高管们讨论了，那时我表现得很霸道，我决定把公司拆了！

这个所谓把公司"拆了"的决定，其实是 2019 年 9 月宝岛一次重大的组织结构变革。当时公司内部许多高管都不明改革原因，大家只知道这次老板真的"玩霸道"了。图 1 是宝岛眼镜以商品运营为核心的组织变革前的组织架构图，图 2 是变革后的组织架构图。

在图 2 中可以看到 MCN 部门，MCN 是 multi-channel network 的简称，即多频道网络。按照目前热门的解释，MCN 机构是指网红的培养和运营机构，与之相配套的并行组织——MOC，则是会员运营中心，负责灵活控制和协调会员营销策略。宝岛眼镜是眼镜连锁店，它要跨界玩网红生意？

我先跟你们讲讲 25 年来宝岛开店的故事，到时你们自然就会明白宝岛眼镜的 MCN 是干什么的。

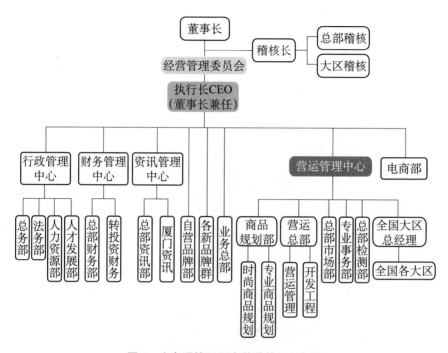

图 1 宝岛眼镜组织变革前的组织架构

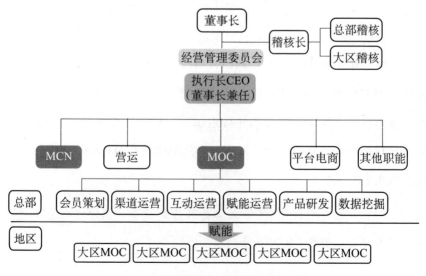

图 2 宝岛眼镜组织变革后的组织架构

1. 开店 1.0：追逐改革开放的流量红利

1997 年 3 月宝岛眼镜创始人王国胜进军中国大陆，在武汉开设首店。2001 年，完成学业的王智民来中国大陆协助父亲发展宝岛眼镜，2010 年 1 月经过董事会一致推举，王智民任公司董事长兼总经理。

宝岛眼镜进入大陆快速发展的第一个阶段，我们称为开店 1.0 阶段。

我们在开店过程中观察到商圈的变化，这很好玩，我们就是随着商圈的变化，追逐流量开店的。到 2005 年，我们形成了街铺店、百货店、大卖场店、购物中心店等多渠道的门店布局。

1997 年王智民第一次去天津时，看到一种现象。当时很多城市都有若干条"商业一条街"，比如"眼镜一条街""电器一条街"。大部分商业街里都是街铺，这就是最原始的商圈。"眼镜一条街"是整个城市买眼镜必去之地，这条街吸引了全市的客流量。随后城市又发展出步行街，宝岛眼镜也跟着去步行街开店。步行街成为城市新的流量聚集地。2010 年宝岛眼镜总部从厦门搬到上海，上海没有步行街。当时上海的优质商圈在哪里呢？就在太平洋百货、家乐福和刚刚开业的港资购物中心。

那时我年轻，经常请那些门店的高管喝酒，酒酣耳热之时，宝岛眼镜在那些新商圈里开店的事情就搞掂了。

那个时候我多渠道开店，本质上就是做流量生意，哪儿的流量大、流量便宜，我们就去哪儿开店。

宝岛眼镜开店 1.0 阶段还有一个流量红利是城镇化，大量农村人口进城。王智民还清晰记得这样一次经历：那是 1998 年的一个周末，他在厦门的一个门店帮忙，一位客人来店验光。这位客人人生第一次验光，近视就达到 700 度，属于高度近视。这位客人来自湖北农村，以前在田里干活，所以看不清楚也无所谓，现在来厦门厂里打工，必须配眼镜去上班。由此可见，当时在城市开门店，吸引的不仅仅是城市的流量，还有大量的农村人口带来的流量。

所以那个年代叫黄金年代，门店即流量，渠道为王！

只要把门店撒下去，流量红利会涌到店里来。开店就好了，开店就搞定了一切。我们刚开始经营的那几年门店规模每年翻一倍，后来是每年扩大 50%。其中街铺的占比较大。

2. 电商 2.0：经受线上流量的迅猛冲击

2009 年前后淘宝开始展现电商力量的时候，我们认为彼此井水不犯河水，淘宝干它的线上，我开店干我的线下。为什么这么说呢？因为我们当时认为淘宝的市场不是我们的市场，所以可以不理它。其实这就和我们前两年对拼多多的态度一样。

宝岛眼镜开店 1.0 阶段，零售门店是唯一可以触达顾客的流量入口，所谓的渠道为王更通俗的解释是品牌商都得对渠道零售商毕恭毕敬，但到 2012 年淘宝商城更名为天猫后，情况发生了明显变化。一开始品牌商不大敢使用天猫，害怕得罪线下零售商，但慢慢地品牌商就不管那么多了，直接去天猫开旗舰店，直接触达顾客，直接面向消费者

(direct to consumer，DTC)，因为品牌商发现线上渠道更厉害、更高效。

2010 年宝岛眼镜启动了电子商务组，但这个项目的级别很低；2012 年正式成立电子商务部门，参与 2013 年的"双 11"活动，结果宝岛的销售量达 4 995 单，而友商加起来才做了 13 单。宝岛眼镜一炮打响，在电商界也有了一点名气。

与电商接触多了，王智民发现了两种不同的电商运营平台，一种是天猫、京东类的以卖货为逻辑的电商平台，另一种是大众点评、美团、百度糯米类的以卖券为逻辑的团购平台。王智民后来发现宝岛眼镜不适合与卖货平台合作，因为宝岛眼镜卖的产品这些平台也开始有了，宝岛眼镜自身没有产品定价权，也就是说平台如果要亏钱卖，宝岛眼镜也无能为力。

　　我们电商运营团队后来主要在团购平台上卖券。在这个阶段我们又遇到一次流量红利，但时间很短。

　　有一次我去美团开会，美团主持会议的高管是 COO 干嘉伟（人称"阿干"）。阿干一坐下来就跟我说："王董，你这种顾客是我最喜欢、又是我最讨厌的。你知道为什么吗？我喜欢你，是因为你真的能出量；我讨厌你，是因为你占了我们眼镜类目 70% 的流量。"

宝岛眼镜同时跟大众点评、百度糯米也有合作，甚至一度占到百度糯米眼镜类目百分之九十几的流量。那个时候这些平台为了拼流量，都会给公司补贴。刚开始卖券的成本不高，再加上平台的补贴，线上流量相对于线下门店的自然流量都是增量，实现 1 加 1 大于 2 了。但是后来我们发现，当顾客都习惯在买东西之前先去团个券的时候，门店的自然流量中就有一部分变成了公司需要在 O2O 平台另外花钱购买的流量了，顾客没有一张团购的优惠券就不到门店来了。

这个时候，我开始意识到电商给我带来的真正的冲击。

2015 年前后，天猫、京东两家在宝岛眼镜存量业务中挖走了 15％的实物型产品销量，同时宝岛眼镜另外花钱从 O2O 平台向门店引流增加了 15％的销量，表面上似乎两边打平了，但实际上是门店的流量成本或者说获客成本被大幅度推高了，更要命的是租金也在涨，人事成本也在涨。宝岛眼镜算了一笔账，2015—2020 年其隐形眼镜、太阳眼镜两个类目的业务 5 年时间里跌掉了一半，少了约 6 亿元人民币。

我在思考，电商平台的整个模型跟线下渠道没有本质的区别，同样是流量机制，但是它可以突破实体空间的限制来攒流量，再在渠道间分发流量，在线上建成了一个更强大、更有效的超级渠道。如果我们把自己的生命线都交给超级渠道的话，未来只会非常危险。

3. 专业 3.0：构建线下流量的专业壁垒

电商快速发展的那几年，我这个商学院毕业生思考最多的问题是商学院中最基础的一个问题——什么是宝岛眼镜的核心竞争力？

王智民当时建立了一个坐标系，把商业属性分为四个维度，以"实物"与"服务""高认知"与"低认知"来做象限切割，见图 3。

这里的"认知"是指顾客在购买决策前对商品信息的了解程度和消费及使用过程中所需的专业化指引。了解程度高、所需指引少的商品为高认知商品，反之则为低认知商品。其中高认知、重实物的商品是平台

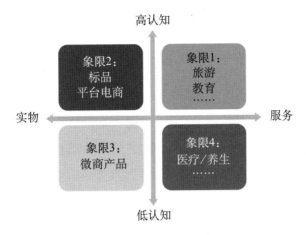

图 3　商品属性和分类

电商主打的标品；高认知、重服务的商品是旅游、教育等非零售产品；低认知、低服务的商品是微商产品；低认知、重服务的商品主要集中于医疗行业。不难发现，在低认知维度，无论是"实物"还是"服务"，顾客是基于信任发生购买行为的，因此给予顾客专业化的服务和数字化的体验非常重要。

王智民从美国留学后来中国大陆，很大的一个感触是国内的眼镜行业和国外差距巨大：美国的眼镜行业是专业医疗行业，而中国则属于零售行业。每家眼镜店都是销售门店，产品同质化严重，连促销模式都如出一辙，更谈不上专业服务。这种简单化、同质化的零售，很容易流失顾客。唯有提供过硬的专业视光服务，才能拥有自己的竞争优势，才能吸引顾客、让顾客产生黏性。

王智民在 2015 年开始实施宝岛眼镜专业化＋数字化战略的其中一个原因是中国当时数字化转型基础设施的快速建设。2013—2014 年中国仅用 18 个月的时间把移动支付的渗透率从 15％提升到 65％；移动互联网的蓬勃发展推动了微信、微博、支付宝等第一代移动互联网 App 的产生；同时场景化科技、内容社交科技迅速发展。王智民一直期待的宝岛眼镜数字化转型的时机到了。

> 将视光服务专业化和这种强大的数字化技术设施融合起来，肯
> 定能形成我们的核心优势。

宝岛眼镜的专业化从四个方面着手：专业的视光师、专业的服务产
品、专业的商品、专业的设备。作为对传统门店的补充，公司在全国范
围内成立了视光中心，定位为专业服务体验中心。该中心商品虽陈列不
多，但配备了大量先进的验光和检眼设备，为顾客提供专业的眼睛健康
检查。宝岛眼镜培养了 1 600 多名专业验光师，配备了多台智能型设备、
"散光＋多焦点"的专业产品，为顾客带来专业的门店体验。2018 年，
宝岛眼镜将战略升级到"数字平台＋AI 化"，推出了突显门店专业化能
力的"新三件"，包括自动多功能综合检眼仪、数字裂隙灯、AI 眼底照
相机，见图 4。

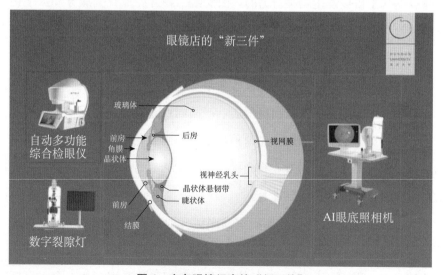

图 4　宝岛眼镜门店的"新三件"

这些设备不仅可以得出眼球的 2 000 多个数据，还可以快速拍出眼
底照片，传输到后台的医疗诊断 AI 系统，30 秒左右就可以反馈筛查数

据。这些医院级的专业设备的投入与使用，给到店的顾客很大的震撼和吸引力。

同时，宝岛开始从以门店为中心的管理模式向以视光师为中心的赋能模式转变，见图 5。

图 5　宝岛眼镜从以门店为中心转向以视光师为中心

前一种管理模式与顾客交互的节点是门店，而现在的管理模式与顾客交互的节点是人，也就是导购和视光师。以前的信息化是围绕门店做的，而现在宝岛眼镜整个数字化建设围绕着专业视光师和顾客之间的交互做。

> 只有人与人之间的交互，才能真正建立起信任关系，我们才能真正拥有顾客。

宝岛眼镜的这一变革让顾客的到店感受不再只停留于眼镜选购，而是更多地关注验光技术和视健康检测，顾客到店后专业化体验感得到提升，开始对宝岛眼镜产生信任。在此基础上，导购引导顾客关注企业微信公众号，门店与顾客之间不再像过去那样在单次购买之后就失去了联系，二者之间建立了以微信为锚点的连接。

在数据层面，宝岛的孔明系统和朱雀系统收集顾客的验光资料、生活动态信息及消费行为，通过将这些数据收入专业的 Vision iBook 眼健康档案，宝岛眼镜能够构建出基础的顾客画像；基于顾客特征，宝岛可以有针对性地通过微信公众号推送的内容影响顾客的复购意愿，再由电商团队接管顾客运营，吸引顾客进入"宝岛眼镜＋"小程序达成新的交易，这就建立了一条完整的数字化运营的闭环。

理想很丰满，现实很骨感。宝岛的"专业化＋数字化"战略的实施效果远远没有达到王智民的设想，这可以从战略的执行部门的不断调整得到验证。2015 年，王智民在宝岛眼镜总部成立了客户互动中心（Customer Interactive Center，CIC），基于微信公众号运营会员，并利用微信商城探索潜在的商业机会。一段时间下来，运营效果并不理想：宝岛总部需要被动等着顾客来找自己，自己无法主动与顾客互动。王智民马上进行了调整，把 CIC 交给电商团队来管，其结果再次让他失望，之后两三年里微信商城的生意一直没有做大。后来经过多次复盘，团队找到了答案：还是流量问题！电商团队习惯于花钱买流量来做生意，而做微信端会员运营，需要与一个个会员建立连接，然后放到社群进行运营。但那个时候，微信端会员运营的工具还很落后。2018 年，王智民决定把 CIC 升级，更名为会员互动中心（Member Interactive Center，MIC），意在强调会员的概念。既然要强调会员，王智民觉得线下营运部门天天接触顾客，应该更懂顾客，于是把 MIC 交给他们负责，可是运营了一年，依然没有取得什么成果。王智民发现线下团队的问题在于他们缺乏数字化思维，不理解整个生态中顾客的习惯，不知道如何打造场景，不知道如何打造路径，不知道工具如何开发。另外，微信公众号更像企业门户网站，是单向信息发布，跟顾客关系也是一对多。从私域流量运营的角度来看，这种交互程度远远不够，企业与用户之间的这种弱联系模式并不能形成良好的消费闭环。

就这样，时间来到了 2019 年，王智民和宝岛眼镜同事都在认真执行"专业化＋数字化"战略，虽然专业化投入已经很大，顾客的门店体验也越来越好，但几年下来，宝岛眼镜总体绩效似乎并没有比友商好多少：它的线下门店数量持续减少，被平台电商和各种微商抢走了越来越多的生意。

我们是搞定了顾客进店以后的事情，但问题是顾客不进店了！辛辛苦苦干了 5 年，流量反而越干越少了！

虽然说我已经慢慢地在手上攒出了一副好牌，但是你有一副好牌并不代表你会全胜，一副好牌也可能打成臭牌。常规的玩法已经玩过几轮了，越玩越臭，所以 2019 年 9 月份我就火大了，下决心了，就把公司全拆了！

4. 社交 4.0：运营私域流量的创新实践

我虽表现得很霸道，但我并不鲁莽！

王智民一直是业内的活跃分子，经常身穿鲜亮的彩色裤子出现在大小聚会，或高谈阔论，或洗耳恭听，他把这叫作"出圈"，这是他建立自己行业认知的有效途径。

业内一直在惊呼客流下降太快，但问题来了，中国的人口并没有大量减少，那顾客的时间花在哪里了？这才是真问题。这个问题的答案也十分清楚，顾客的时间花在很多 App 上了，这就是所谓的"公域流量"。

我们对顾客进到门店以后的体验非常有信心，我们最大的挑战是如何找到顾客，公域流量在哪里？在大众点评，在小红书，在抖音，公域流量就在所有顾客会花时间的地方。

王智民将他的关注点又回到流量，特别是线上流量，这也与2019年腾讯基于企业微信搭建的流量运营生态日益成熟密切相关。腾讯技术团队一直与宝岛眼镜有良好的业务合作，共同对腾讯的新技术、新功能做行业的落地示范。2019年腾讯对企业微信重新定义为"人即服务"，企业微信与顾客建立的双向互动已经可以帮助企业建立一个在线服务场景的闭环，而不是一个简单的销售闭环，这一点至关重要。

王智民虽然一直说当时一怒之下"拆了公司"，公司的确面临死亡交叉的压力，但对他而言，这是谋而后动的结果，只是没有与高管们在思想上做到统一。

组织结构变革的大动作是设立了会员运营中心并使之成为整个组织结构的核心。这个结构很明显地表明宝岛眼镜要改变以往自上而下的管理架构，不再继续传统的以商品运营、门店运营为核心的管理体系，而是要建立一个以会员运营为核心的赋能体系。其他部门与会员运营部门协同配合，实现会员体系、运营体系、研发活动和数据挖掘等业务的打通。

在这个全新理念下，颠覆性的组织结构宣布后，各种质疑和反对声音就没有停歇过，因为这很容易被解读为宝岛眼镜将战略重心转向私域流量运营，而在当时，私域流量运营对业内的绝大多数人而言还只是一个概念。2019年12月全国各分区主管开年终总结会，成都区域负责人一点也不委婉地对王智民喊话：

> 老板，我按您的要求把我的组织重建了。拆了重弄后，所有人全蒙了。拆了倒是容易，可问题是现在把所有岗位重新定义了，比如我让原来管门店的这些主管一半继续在岗，一半去管声量、管流量运营、管会员运营，但是他们不知道怎么弄、打心眼里抵抗。

王智民对此有心理准备。反正他是私营企业，没有每年业绩公告的压力，死扛个两三年大概可以完成这场转型，但是接下来发生的事情让他悲喜交加：2020 年 1 月新冠疫情来临，第一个季度全国线下零售几乎停摆，既然门店没有什么生意可做，那么顺理成章，大家全部去学如何做声量、做私域、做社群。于是整整三个月时间，员工每人每天的工作都围绕私域运营。相比于同行到这个时候才想到去做线上运营，宝岛眼镜已遥遥领先了。

这个关乎流量的游戏究竟怎么玩？王智民这位哈斯商学院毕业的高才生和他的团队提出了一套系统的路线图，概括来讲就是：两大动作、五大路径，如图 6 所示。

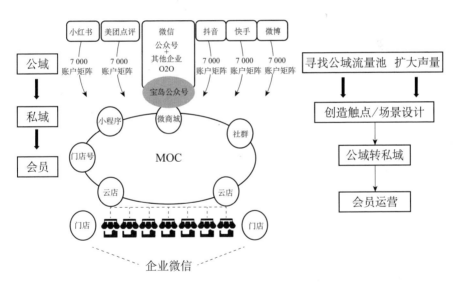

图 6　宝岛眼镜的"两大动作、五大路径"方法论

第一个动作是公域转私域，将宝岛眼镜在公域获取的流量引导到私域，建立自己的会员流量池；第二个动作是从私域到会员，在自己的流量池内维护、运营好会员。五个路径分别是寻找公域流量池、扩大声量、创造触点/场景设计、公域转私域、会员运营。组织结构中的新部门 MCN 主要负责寻找公域流量池并扩大声量，MOC 主要负责公域转私域的流量运营和流量转换为用户后的会员运营。

王智民建立的路线图是基于他对零售商与消费者互动关系的深度思考。从理论上来讲，互联网的信息量是无限大的，但正是这个信息膨胀的时代，消费者在互联网上留下的痕迹都会被打上不同的标签。在信息交互的过程中，消费者获得的信息变得极具标签性，这些标签就成了信息过滤器，最终让消费者只会看到他想看的东西，因此，如何触达消费者就成为品牌商和零售商面临的最大挑战。一般情况下，很多企业会选择意见领袖（key opinion leader，KOL，也称为达人）来和消费者进行连接，当积累了足够的消费者之后，意见领袖就可以通过各种连接工具与消费者群体进行交互。这种交互程度是中性的，交互是为了激发购买行为。交互方式和程序仍然以服务顾客和产品需求为核心，尽可能打造双向反馈。此外，宝岛眼镜选择做垂直领域的个人 IP，通过企业微信在私域与顾客进行深层次的交互，交互的目的不在于短期的"种草或割草"，而是建立线上线下协同的顾客专业化服务场景，将流量转化为企业用户，建设长期的伙伴关系。当然，这样的目标是逐渐清晰的，但王智民前几年就认定信任是他的"产品＋服务"商业模式的内核。

> 线下以位置为核心的流量竞争的重要性在下降，而线上的时间竞争以及用户社交中的信任关系竞争逐渐上升至零售企业应该关注的焦点位置。这实际上是更高层次的流量的竞争。

4.1 公域运营

MCN 部门的职责在于获取公域流量，并将流量引入企业私域，包括培养和孵化内部达人，传授各大平台运营技能，帮助达人持续在各个社交平台发出声量，并设计各种场景和触点、完成拉新转换，见图 7。

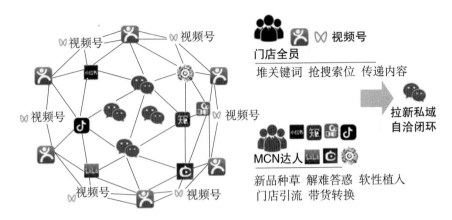

图 7　宝岛眼镜 MCN 声量布局

MCN 部门分两大组：一组是门店全员参与，依托大众点评和视频号，创建关键词、抢占搜索位，迅速依托图文视频传递内容；另一组更多依靠达人，培育达人的网红属性，他们分布在小红书、知乎、快手、抖音等平台。在全国各个事业部都有专人负责和总部的 MCN 部门对接，主要的工作职责是招募新达人、任务完成后的监督及内容审核，这样能够确保 MCN 部门的工作落实到基层的每位一线员工。

招募达人的社交平台各有特点。大众点评是全民制，也就是说不树立行业内专业网红，每个主体都平等参与营销活动，不存在权威性。小红书是兴趣制，采取自愿报名、地区推荐的原则，营销成员需要具有一定的主动性和创造性，能够围绕内容进行分发和种草引流。知乎可以定义为精兵制，更加依靠专业性，在这样一个知识平台上，只有具备深度行业知识和专业素养，才可以让内容变得权威可信。直播和短视频则是团队制，通过链条分工，制作符合传播效力的直播、视频内容。见图 8。

大众点评是 MCN 部门最早启用的平台，因为在 MCN 部门成立之前，宝岛眼镜已与大众点评合作，线下门店在大众点评上有同步点评的

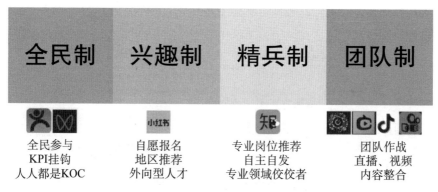

全民制	兴趣制	精兵制	团队制
全民参与 KPI挂钩 人人都是KOC	自愿报名 地区推荐 外向型人才	专业岗位推荐 自主自发 专业领域佼佼者	团队作战 直播、视频 内容整合

图8　宝岛眼镜招募公域达人的不同策略

商铺。大众点评实现平台交易闭环的交易量十分可观，目前宝岛眼镜在大众平台的核销总数达到亿级。大众点评平台的声量运营相对比较简单，宝岛7 000多名员工都有个人账户，全员负责大众点评：一是负责自己所在门店的基础线上建设、活动配置和用户管理；二是做声量、拉新人。宝岛会对每位员工和达人进行评级，目前60%以上的员工到了6级以上，其中有约85%的达人拥有1 000人以上的粉丝量。这是王智民想要的数据，因为只有这样的粉丝数量做保障，才能对门店起到赋能作用。王智民本人已做到最高的8级。

2020年初宝岛眼镜开始运营小红书。小红书对于达人的规划和招募以兴趣为前提。小红书基本上招募"95后""00后"作为一线员工，他们性格外向、活跃、喜欢社交和展示。在小红书上发布比较优质的笔记需要员工必须具备美学、时尚、品牌和产品的相关知识。MCN部门通过开培训班，为学员普及小红书的整体运营逻辑、运营方法、账户设置、人设建立，以及首图、标签、图片等文案的输出和交互等，截至目前，共有800多名小红书达人从MCN部门结业。小红书达人在小红书平台做产品口碑分享，比如推荐美瞳类隐形眼镜、蒸汽眼罩、洗眼液、护眼液等。小红书拉新和销售闭环的能力虽不是很强，但因宝岛眼镜布局的达人多，因此可以比较密集地对一些新品做声量，同时打造关键词。

知乎跟小红书相比，其黏着度、长尾效应和专业性都更强，用户的男女分布比较平均。用户检索问题、浏览阅读的过程会比小红书时间更久、更认真，一旦用户认可内容并关注作者后会产生非常强的信赖感，会更愿意在知乎平台私信这位达人，甚至在实体门店找这位达人进行咨询或解决相关问题，因此知乎的拉新效果比小红书更好。宝岛眼镜的验光师特别适合做知乎达人，他们一般年龄较大，拥有较强的专业知识。MCN 部门举办的知乎达人培训班已有 500 多人结业，他们会积极地把专业知识和案例发布在知乎平台，吸引到的粉丝比大众点评和小红书更为精准。

刚开始，MCN 部门会在知乎上推荐一些热门问题，后来逐渐开始有计划地推出一些和宝岛眼镜的业务相关的问题，例如防控青少年近视等。

目前，宝岛眼镜有 7 000 多个大众点评账号、800 多个小红书账号、500 多个知乎账号以及约 20 个抖音账号，从 2019 年开始到现在共输出约 16 000 篇文章，在不同平台的浏览量合计超过 6 000 万，其内容具有长尾效应。

MCN 部门也负责做短视频和直播。直播的投向分两种：一种是在公域的抖音、天猫做直播，尤其是在重大节假日期间；另一种是在私域的小程序里做直播，服务各个主题的大社群。MCN 对直播的目标定位不是实现将私域流量转化为销售，而是推荐好产品、科普专业知识等。选拔直播达人首先需要各部门或各事业部评估推介，然后对选拔出的人员进行培训和包装才允许他们上岗。直播通常以团队的形式进行，一个全国大区建设一两个团队。团队的工作包括前期选品，撰写稿件脚本，执行直播等。

2021 年后，MCN 部门将重点放在短视频运营上。短视频以内容生产为主，被投放在视频号、私域和社群中。视频宣传的内容除了宝岛眼镜的产品，还包括其技术、设备、服务以及公司内部的很多活动。短视频也是团队作战。具体运营有两种方法：一种是由 MCN 总部按计划把任务拟好脚本交给各个地方事业部，再由地方事业部基于脚本大纲，以不同的方法或风格来进行诠释；另一种方法是地方事业部自主规划和设计脚本，等素材制作好之后提交给总部进行汇总和审核，通过审核的方案就可以执行。

基于 MCN 部门支持的达人在公域发出声量只是第一步，其目的是在线上连接潜在顾客。因此，企业微信就成为比微信公众号更为有效的连接工具，它打通了微信端的连接，使企业的员工不仅完成内部协同，而且可以跟消费者达成互动关系，与微信小程序、微信支付等生态工具便捷转换，形成产品和服务的闭环。

4.2 私域运营

接着，运营私域流量的 MOC 部门登场了。MOC 部门的核心就是将从公域吸引到的流量进一步转换成用户。MOC 总部团队承担会员策划、渠道运营、互动运营、赋能运营、产品研发、数据挖掘等职能，见图 9。

全国各个大区、事业部会有相关的 MOC 部门对接负责人，大区 MOC 部门没有产品研发和数据挖掘的任务，更多是做一些会员策划、数据分析、沟通联络和具体落实执行类的工作。

MOC 部门的主要任务如下：

（1）会员策划。会员策划的目的是针对会员的人群特点来设计出吸引会员参与的场景，并梳理该场景中强化会员体验的整个流程，以增强

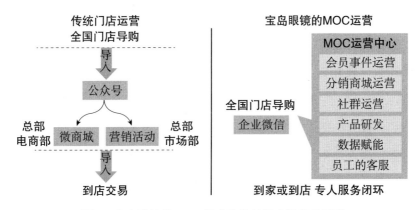

图 9　宝岛眼镜的 MOC 运营和传统门店运营的区别

企业与会员之间的互动关系，把会员"运营"起来。MOC 部门首先会明确定义这类人群以便于识别；然后定义社群的服务内容、线下门店的服务内容，线上社群再转化到线下门店的场景；还要定义这个过程中员工线上一对一的服务内容。总之，MOC 的会员策划是围绕特定人群在某个场景里完成整个顾客体验的流程设计。

（2）渠道运营。渠道运营是把上述策划的场景交给各大区对接人，让他们负责对一线的员工和店长进行培训，帮助大家充分理解新设计的场景和服务流程，并做好人才培训的配套升级。

（3）赋能运营。赋能运营是协调内外部资源。会员策划往往是站在会员感受和体验的角度策划会员场景，较少考虑商品的融入。赋能运营就是要协调内外部资源，将一些商品、合作资源等元素融入场景中，比如说外部有一些相同圈层的资源做互动，或者是内部有新的品牌的资源可以融入进去，在原有的基础之上叠加一些新的增长场景。

（4）产品研发。基于会员策划、渠道运营以及数据分析的需求，企业自行研发数字化工具，如把所有会员的权益、积分营销的场景做到会员中心里面；在微商城中叠加分销商城，让消费者可以直接在微信体系内完成付款和购买；通过附近门店这一功能，帮助微信内的消费者快速地定位附近的门店，定位门店内的服务和活动信息；打造眼健康特有的电子档案，使用这个电子档案帮助顾客管理他们的各项视光的检测数据。

（5）数据挖掘。数据挖掘团队快速地把运营场景中所有的关键路径的数据形成可视化报表，包括给总部看的数据和给各个区域看的数据。

> 私域流量运营，我们更看重服务的呈现而不是流量的打法；流量运营的认知与水平是在真正衡量企业对消费者的持续服务和运营能力。

> 私域运营不仅重新定义了企业的在线服务场景，而且重新把企业的整体服务场景进行了分层。

宝岛眼镜把对顾客的服务分为三层。第一层是线上声量层，通过更多的外部平台把专业的声量发布出去，服务于公域的消费者；第二层是私域运营层，依赖宝岛眼镜的员工通过企业微信为微信端的顾客在线做服务，并嫁接小程序的工具完成一些服务；第三层是线下服务层，宝岛眼镜门店里有很多专业化、数字化的仪器设备，有专业的员工，最终需要把所有的线下服务做扎实。第二、三层都做专业化，在这个过程中数据是互通的，在线数据来源于线下检测和筛查仪器产生的数据，并在线上持续开展服务。传统零售企业更多的是关注门店、商品，关注门店员工的服务流程；现在的私域运营除了门店实际的物理场景之外，还出现了信息化服务的在线场景。在线服务场景对于企业来讲是重要的升级。

以青少年近视防控为例，宝岛眼镜打造了一个完整的线上线下结合的场景：线上通过社群或一对一服务，建立有效的互动模式和持续陪伴关系；线下通过预约体验、家庭日等活动，从前期筛查—精准验配—档案留存—复查追踪—行为干预—护眼周边的环节，为孩子提供适合的解决方案。

4.3 用户运营

现在宝岛眼镜的私域流量运营已经成为业内的典型案例，王智民依然出席各种演讲活动，他也在不断更新自己的思考。

我最近一直在思考，流量与用户有什么差别？

流量，你不知道具体指谁；用户，就是进入到私域的流量。私域这个工具可以给流量打标签，后台大数据可以对此清晰地描述和分析。这时流量就转化为用户，接着我们就可以进入到用户运营的状态。

王智民将企业提升与顾客的连接关系分为几个不同的阶段，详见图 10。

顾客关系迭代

消费者类型	潜客	粉丝	顾客	熟客	大使
关系分类	冷关系	有关系	交易关系	热关系	共好关系
动作	拉新	运营	闭环	复购	裂变
感觉	有趣	震撼/福利	靠谱	信赖	自己人

图 10　宝岛眼镜与顾客的关系迭代

第一个阶段是"冷关系"，消费者是潜客，实体门店选择位置、各大平台的声量运营都是为了拉新潜客。第二个阶段是"有关系"，消费者是粉丝，实体门店正在逛的、已添加企业微信的消费者都还是粉丝，如何推动他们向交易转化是所有零售业务的核心。第三个阶段是"交易关系"，消费者是顾客，形成交易闭环，这个阶段企业对短期业绩的态度会显著影响其与顾客关系的进一步发展，目前不在少数的网商的"种草"或"割草"行为是短视的。第四个阶段是"热关系"，消费者是熟客，因对产品和服务的信赖而形成复购，这是宝岛目前私域流量运营的目标。一方面解决酒香也怕巷子深的问题；另一方面建立线上线下协同的专业化、数字化服务能力或场景。第五个阶段是"共好关系"，消费者爱你的品牌，愿意在外面帮你做推广，变成你的品牌大使。

宝岛眼镜目前已有可用企业微信连接的用户约 583 万人，我们必须通过线上线下的产品和服务将他们转换为熟客，这是全体工作人员必须清晰认知的企业目标，也是宝岛用户规模的基本盘；如果能够从熟客中找出一群人作为大使，那么他们能够每年帮你裂变 10 个人，这样就产生了新的增量，获客成本也会大大下降。

为了让目标中的大使真正能够帮助宝岛眼镜裂变，宝岛眼镜在 2021 年 5 月 13 日开始内测一款称为"宝岛大使"的会员小程序，信任宝岛眼镜的"自己人"可以拿自己的信用为宝岛眼镜背书，为宝岛眼镜做用户推荐与裂变。

从公域运营到私域运营，再到用户运营，这才是王智民真正的雄心。

5. 结尾

其实我不喜欢讲私域流量，私域流量说白了是升级版的客户关系管理，它是必须拥有的技能，而不是一个多大的创新。

王智民讲了宝岛眼镜最新的开店故事：

> 最近我们开店的圆圈又绕回来了。2005 年我们开始执行多渠道开店策略，但经过这些年电商的冲击，现在我在百货商场的店被打死了，大卖场的店也没了，剩下的购物中心店租金太高。我们门店最多的时候街铺店占了全部门店百分之九十几，后来降到只剩下百分之三十几。
>
> 接下来，我反而又要回街铺开店了，因为现在街铺是租金洼地，当我具备了获取线上流量能力的时候，我就不用去跟人家抢那种最贵的位置了。

宝岛眼镜发展到今天，离不开团队对流量运营密码的思考，当然更重要的是对消费者需求的深层次挖掘。在王智民看来，未来零售最核心的东西，是摆脱物理空间带来的流量约束，在数字空间获得私域流量，最终控制自己的获客成本，从瞄准行业领先地位的目标来看，宝岛眼镜的能力建设还有很长的路要走。追随流量，绝不止于流量，数字化基础能力才是下半场的核心。

图书在版编目（CIP）数据

企业数字化转型实践：从平台企业到传统企业 / 叶康涛等著. -- 北京：中国人民大学出版社，2024.10
ISBN 978-7-300-32701-3

Ⅰ.①企… Ⅱ.①叶… Ⅲ.①企业管理－数字化－研究 Ⅳ.①F272.7

中国国家版本馆 CIP 数据核字（2024）第 068378 号

企业数字化转型实践——从平台企业到传统企业
叶康涛 等　著
Qiye Shuzihua Zhuanxing Shijian——Cong Pingtai Qiye Dao Chuantong Qiye

出版发行	中国人民大学出版社				
社　址	北京中关村大街 31 号		**邮政编码**	100080	
电　话	010－62511242（总编室）		010－62511770（质管部）		
	010－82501766（邮购部）		010－62514148（门市部）		
	010－62515195（发行公司）		010－62515275（盗版举报）		
网　址	http://www.crup.com.cn				
经　销	新华书店				
印　刷	涿州市星河印刷有限公司				
开　本	720 mm×1000 mm　1/16		**版　次**	2024 年 10 月第 1 版	
印　张	13 插页 2		**印　次**	2024 年 10 月第 1 次印刷	
字　数	156 000		**定　价**	69.00 元